Sem medo da rejeição

Jia Jiang

Sem medo da rejeição

Como superei o medo de ouvir um "não"
e me tornei mais confiante

Tradução
Ana Claudia Fonseca

Benvirá

Copyright © Jia Jiang, 2020

Todos os direitos reservados

Título original: *Rejection proof – How I beat fear and became invincible through 100 days of rejection*

Tradução publicada mediante acordo com a Harmony Books, um selo da Crown Publishing Book, divisão da Penguin Random House LLC.

Direção executiva Flávia Alves Bravin

Direção editorial Renata Pascual Müller

Gerência editorial Rita de Cássia S. Puoço

Edição Tatiana Vieira Allegro

Produção Luciana Cordeiro Shirakawa

Preparação Maria Silvia Mourão Netto

Revisão Vivian Miwa Matsushita e Juliana Campo

Diagramação Claudirene Moura Santos

Capa Tiago Dela Rosa

Imagem de capa ©iStock/GettyImagesPlus/erhui1979

Impressão e acabamento Gráfica Paym

Dados Internacionais de Catalogação na Publicação (CIP)
Angélica Ilacqua CRB-8/7057

Jiang, Jia
    Sem medo da rejeição : como superei o medo de ouvir um "não" e me tornei mais confiante / Jia Jiang; traduzido por Ana Claudia Fonseca. – 2. ed. – São Paulo: Benvirá, 2021.
    216 p.

Bibliografia
ISBN 978-65-5810-014-0 (impresso)
Título original: Rejection proof

1. Rejeição (psicologia). 2. Autoconfiança. 3. Medo. I. Título. II. Fonseca, Ana Claudia.

                              CDD 158.2
20-0511   CDU 159.942

Índice para catálogo sistemático:
1. Relações humanas - sentimentos

2ª edição, 2ª tiragem, setembro de 2023

Nenhuma parte desta publicação poderá ser reproduzida por qualquer meio ou forma sem a prévia autorização da Saraiva Educação. A violação dos direitos autorais é crime estabelecido na Lei n. 9.610/98 e punido pelo artigo 184 do Código Penal.

Todos os direitos reservados à Benvirá, um selo da Saraiva Educação.
Av. Paulista, 901, 4º andar
Bela Vista - São Paulo - SP - CEP: 01311-100

SAC: sac.sets@saraivaeducacao.com.br

CÓDIGO DA OBRA   12044   CL   67049   CAE   741592

Para vovó:
Como uma eterna professora, você me ensinou algo mais
valioso do que qualquer outra coisa que aprendi na escola:
a ser uma boa pessoa. Sinto muitas saudades.

e

Para o tio Brian:
Obrigado por ter sido meu segundo pai. Seu apoio
e sua orientação significam tudo para mim.

Sumário

Prefácio da edição brasileira (por Diogo Lara) 11

Prólogo 15

1 | Conhecendo a rejeição 17

2 | Lutando contra a rejeição 31

3 | Experimentando a fama 49

4 | Lutando contra a evolução 65

5 | Repensando a rejeição 85

6 | Recebendo um "não" 99

7 | Posicionando-se para um "sim" 113

8 | Falando "não" 131

9 | Descobrindo o lado positivo 145

10 | Descobrindo o significado 163

11 | Descobrindo a liberdade 181

12 | Descobrindo o poder 193

13 | Vivendo uma nova missão 207

Apêndice | Ferramentas da rejeição 209

Agradecimentos 213

Prefácio da edição brasileira

A maioria das pessoas busca a felicidade. Jia Jiang resolveu ir atrás de outra coisa: expandir seus limites pessoais. O único problema é que havia um obstáculo de respeito a ser superado: o medo.

O medo é uma emoção que geralmente associamos a perigos aos quais estamos expostos, seja um animal feroz, um assaltante ou um penhasco. Nesses casos, a reação de medo nos protege.

No entanto, o medo da rejeição, tema central deste livro fascinante, pode nos privar de oportunidades em maior grau do que nos proteger. Certamente ele evita que passemos pela dor de sermos rejeitados em diversas situações, mas isso não é necessariamente bom para nossa vida.

Como seres profundamente sociais, prosperamos em grande parte pela nossa capacidade de colaborar e fazer vínculos afetivos. Pertencer a um grupo, seja familiar ou em uma comunidade, significa ter acesso a uma série de recursos que nos trazem segurança. O mecanismo mental que garante que nossas escolhas incluam sempre levar isso em conta em nossas decisões é a dor da rejeição. O preço a pagar é abrir mão da nossa autenticidade em prol da conformidade.

Jia Jang decidiu deixar de pagar esse preço para ver o que aconteceria ao propor a si mesmo uma série de experimentos inusitados com o intuito de arriscar ser rejeitado. Tendo em vista sua cultura chinesa – ao mesmo tempo que estava inserido no ambiente norte-americano – essa tarefa foi ainda mais desafiadora.

A estratégia de Jia é o que se chama de *abordagem comportamental*. Quando nos forçamos a fazer algo que é desconhecido ou oposto a nossos hábitos, nossa reação emocional provoca uma série de mudanças internas que impacta nossas crenças. Deixamos de imaginar o que aconteceria – algo que é sempre colorido por nossas fantasias – para experimentar o que acontece de fato. Deixamos de imaginar como seria para saber como é.

A maioria de nós passa por isso a contragosto quando a vida nos coloca em situações desconhecidas. Apesar de ser desconfortável e até mesmo sofrido passar por experiências novas, costumamos olhar para trás e agradecer as mudanças geradas em nós. A grande sacada do autor foi não deixar isso acontecer de modo aleatório, mas buscar ativa e voluntariamente diversas vivências que colocassem em xeque seus padrões mentais.

Os 100 experimentos em busca da rejeição abordados neste livro se traduzem em uma grande jornada de transformação pessoal e uma nova maneira de ver a vida. Como leitores, pegamos carona nessas histórias e sentimos o frio na barriga de cada aventura.

O resultado desse salto ao desconhecido é uma sucessão de acontecimentos imprevisíveis que levaram o autor a territórios nunca imaginados. Nesse processo, ele pôde identificar uma série de *bugs* não só de sua mente, mas da mente humana "civilizada".

Jia descreve com precisão esse processo interno de mudança. Um dos aprendizados centrais é exemplificado quando ele abre mão de sua ideia de um novo produto com base na simples opinião do tio – que, aliás, não tinha nenhuma credencial para julgar o valor dessa ideia. Quantos de nós não fazemos o mesmo rotineiramente? Cabe a cada um de nós resolver a equação de quanto valor depositamos na opinião alheia em detrimento daquilo em que acreditamos. Não que os pontos de vista de outras pessoas não tenham importância, mas nem sempre nos damos conta de que não passam de simples pontos de vista.

Ao ler o livro e acompanhar as mudanças do autor, é impossível não questionar nossos próprios comportamentos e crenças. Podemos pegar emprestados os aprendizados de Jia para questionar algumas crenças, o que já é de grande valor. Além disso, o autor serve de modelo e inspiração para cada um tentar os próprios experimentos. A mágica se dá mesmo quando aceitamos atravessar a dor de sermos rejeitados para ver o que acontece. Uma coisa é certa: você vai aprofundar sua experiência de estar vivo.

Diogo Lara
Psiquiatra, neurocientista e escritor.
Sócio-diretor do aplicativo de terapia guiada Cíngulo e autor de
Temperamento forte e bipolaridade

Prólogo

18 de novembro de 2012. Fazia um calor fora de época em Austin, no Texas, mas não era isso que me fazia suar. Naquela tarde, eu dirigia lentamente meu empoeirado RAV4 por um subúrbio qualquer de classe média na parte noroeste da cidade, procurando uma porta na qual pudesse bater. Já tinha passado por centenas de portas, tentando me convencer a escolher uma. Mas, para o que eu estava prestes a fazer, todas as casas pareciam assustadoras.

"Muito bem, pare de ser covarde", resmunguei para mim mesmo, estacionando em frente a uma casa térrea de tijolos vermelhos com um belo jardim. Havia uma pequena cruz fincada em um canteiro de flores. Esperava que isso significasse que ali vivia uma família pacífica que frequentava a igreja, não um integrante da Ku Klux Klan. De qualquer modo, esperava que não fossem violentos em uma tarde de domingo.

Saindo do carro, imaginei se alguém espiava pelas frestas da cortina e se deparava com aquela inesperada visão: um adulto usando caneleiras e chuteiras, segurando uma bola de futebol em uma mão e um iPhone na outra, com o qual gravava a ação: "Bem, esta aqui é um pouco arriscada", disse para o telefone. "Vou pedir a alguém que me deixe usar o quintal para jogar um pouco de bola. Vamos ver o que acontece."

Enquanto me dirigia para a porta, sentia o coração martelando. As travas da minha chuteira esmagavam as folhas secas e os corvos crocitavam nos galhos das árvores próximas. A sensação era de algo sinistro, como o começo de um filme de terror. Aquele caminho parecia o mais longo do mundo.

Finalmente diante da porta, bati de leve, temendo dar a impressão errada se golpeasse forte demais. Não houve resposta. Bati de novo, com um pouco mais de firmeza. Ainda sem resposta. Foi só então que notei a campainha. Apertei o botão. Logo depois, a porta se abriu.

À minha frente estava um homem grande, de uns 40 anos, usando uma camiseta cinza estampada com uma bandeira enorme do Texas. Da sala de estar atrás dele vinham as vozes dos locutores de futebol americano e o zumbido indistinto da multidão no estádio. O nome dele era Scott, como soube mais tarde. Como muitos texanos, era torcedor fanático do Dallas Cowboys, e eu tinha batido na porta no exato momento em que o jogo entre seu time e o Cleveland Browns ia para a prorrogação.

"Olá", cumprimentei-o, usando meu melhor sotaque texano e reunindo coragem. "Você poderia tirar uma foto minha jogando futebol em seu quintal?"

Os olhos do homem se estreitaram por um segundo. Então, ele olhou para minhas chuteiras. "Jogar futebol no meu quintal", repetiu devagar.

"É... hum... para um projeto especial", falei. Depois do que me pareceu um minuto, mas que provavelmente foram apenas segundos, o torcedor do Cowboys olhou direto nos meus olhos e me deu sua resposta...

1

Conhecendo a rejeição

Você deve estar se perguntando por que fui bater na porta daquele homem e o que quis dizer com "projeto especial". Era uma nova estratégia de vendas? Um desafio? Um experimento social? Na verdade, era um pouco de tudo isso. Fazia parte de uma jornada de 100 dias que eu havia proposto a mim mesmo a fim de superar meu medo da rejeição – uma jornada que me fez olhar de modo diferente para os negócios e para a humanidade, e que trouxe ferramentas para que eu me tornasse melhor em quase tudo. Ao me obrigar a buscar a rejeição inúmeras vezes seguidas, comecei a vê-la – e a ver o mundo a meu redor – de maneira muito diferente. Esse projeto mudou a minha vida, e espero que, ao ler sobre essa jornada, sua vida mude também.

Mas antes de contar o que aconteceu em seguida, talvez seja melhor voltar um pouco no tempo, para o começo.

Era 4 de julho de 2012, logo depois do pôr do sol. Milhares de pessoas estavam reunidas no parque de nosso bairro, aguardando o início do espetáculo de fogos de artifício do Dia da Independência americana. Minha esposa, Tracy, estava sentada ao meu lado, sobre um cobertor, acariciando a barriga. Ela estava grávida de oito meses de nosso primeiro filho. À nossa volta, crianças corriam com frisbees e sorvetes de casquinha, famílias esvaziavam as cestas de piquenique, garrafas de cerveja tilintavam e risadas enchiam o ar. Todos pareciam felizes, repletos da alegria do verão.

Todos menos eu.

De muitas maneiras, eu vivia o sonho americano. Com apenas 30 anos já tinha garantido um emprego com um salário anual de seis dígitos em uma empresa na lista das 500 mais da *Fortune*. Tracy e eu éramos proprietários de uma casa de 340 metros quadrados com vista para o lago. Tínhamos até mesmo um golden retriever chamado Jumbo – o cão que é a quintessência da rica América suburbana –, e agora estávamos a poucas semanas do nascimento de nosso filho. E o melhor de tudo: minha esposa e eu tínhamos uma relação incrível, e não passava um dia sem que eu pensasse como tinha sorte de ser amado por uma mulher tão extraordinária. Em outras palavras: eu deveria estar pulando de alegria com a situação. Mas a verdade era que estava muito deprimido. Minha infelicidade, no entanto, não era pessoal, era profissional.

Cresci em Pequim, na China, em uma época em que toda criança em idade escolar aprendia a ser um trabalhador modelo e uma parte importante do crescimento da nação. Mas ser um trabalhador modelo – na China ou em outra parte – nunca foi meu sonho. Desde pequeno imaginava que seria um empreendedor. Enquanto outras crianças jogavam videogame ou futebol, eu devorava biografias de Thomas Edison e do criador da Panasonic, Konosuke Matsushita, atrás de pistas de como me tornar um grande inventor. Quando eu tinha 14 anos, Bill Gates visitou Pequim, sua primeira viagem à minha cidade natal. E eu fiquei obcecado pela história de como ele tinha fundado a Microsoft. Arranquei das paredes do meu quarto toda a decoração de coisas relativas a esporte e fiz da minha fantasia de empreendedorismo um objetivo de vida. Prometi me tornar o próximo Bill Gates e inventar um produto incrível de tecnologia que conquistaria o mundo. Atormentei minha família até que me compraram um computador novinho, top de linha, e comecei a aprender sozinho a escrever códigos de programação. Cheguei até a escrever uma carta a meus pais (que ainda guardo comigo) prometendo que minha empresa seria tão bem-sucedida que eu compraria a Microsoft quando tivesse 25 anos. Atraído por descrições ofuscantes e hollywoodianas dos Estados Unidos e pelo fato de Bill Gates morar lá, também acreditava que um dia me mudaria para a América a fim de cumprir aquele destino.

Quando completei 16 anos, fui convidado a participar de um intercâmbio estudantil nos Estados Unidos e, na sequência, cursar uma faculdade americana. Agarrei essa chance com unhas e dentes. A transição foi difícil, para dizer o mínimo. Foi uma luta superar as barreiras culturais e linguísticas, e fiquei triste por me afastar de minha amada família. Para piorar as coisas, o local para onde fui não era nada bom. Passei o primeiro ano nos Estados Unidos no interior da Louisiana, e o programa de intercâmbio tinha feito um péssimo trabalho de avaliação da família que iria me acolher. Como resultado, minha primeira "casa longe de casa" foi a assustadora residência de uma família de criminosos. Soube que o filho mais velho havia sido condenado por homicídio um ano antes da minha chegada, e era na cama dele que eu dormia. Pior ainda, dois dias depois da minha chegada meus pais adotivos roubaram todo o meu dinheiro.

Dormir na cama de um assassino e perder todo o dinheiro não era a introdução à América que eu esperava. Eu tinha deixado a bolha protetora e o apoio da minha família na China para aterrissar na casa de uma família que imediatamente abalou minha confiança. Isso me aterrorizou e eu não sabia o que fazer. Acabei relatando o roubo ao diretor da escola, que, por sua vez, o relatou à polícia. Meus pais adotivos foram presos, e o mortificado pessoal do programa de intercâmbio me colocou em outra casa − felizmente, o lar de uma família maravilhosa. Ali, eu voltei a experimentar amor e confiança, desenvolvi uma fé espiritual e aprendi que há pessoas boas e más no mundo, e que elas certamente não me tratariam da mesma maneira.

Mesmo com esse começo tumultuado, o sonho de me tornar empreendedor nos Estados Unidos permaneceu forte como sempre. Na verdade, não achava que houvesse maneira de fracassar. Tornar-me um empreendedor parecia mais meu destino ou sina do que propriamente uma escolha de minha parte. Esse objetivo estava tão arraigado em meu coração que acho que não conseguiria tirá-lo de lá nem se tentasse.

Depois de um ano no ensino médio e mais seis meses em um curso específico de idioma, meu inglês melhorou bastante. Era janeiro de 1999 e eu estava pronto para a faculdade. Ainda me lembro do primeiro dia na Universidade de Utah. Eu tinha apenas 17 anos. Havia nevado bastante na noite anterior e o *campus* inteiro estava coberto de branco. Ainda posso ouvir o som que meus pés faziam – *vush, vush, vush* – enquanto andava na neve até a sala de aula naquela manhã, deixando no chão as primeiras pegadas do dia. O universo era um campo de neve fresca à minha frente, pronto para que eu demarcasse nele minha própria trilha e me tornasse o próximo grande imigrante empreendedor dos Estados Unidos. Eu tinha juventude, esperança e energia a meu favor. Tudo parecia possível.

A primeira chance verdadeira de pôr em prática meu sonho de empreendedorismo surgiu enquanto ainda estava na faculdade. Havia anos que eu vinha pensando nos incríveis dispositivos que poderia inventar. Um dia, folheando um velho álbum, vi uma fotografia minha andando de patins quando era criança. Algumas das minhas lembranças de infância mais felizes eram de patinar com amigos. De repente, pensei como seria genial inventar um sapato com rodinhas. Crianças e adultos poderiam estar andando normalmente e, de repente, decidir patinar com os amigos. O mundo se tornaria uma gigantesca pista de patinação, e a felicidade seria geral!

Empolgado, peguei um bloco de desenho e comecei a rabiscar vários esboços de como incluir rodinhas em um sapato, de maneira funcional. Gostei tanto da ideia que cheguei a elaborar um projeto oficial para entregar junto com o futuro pedido de patente. Levei um fim de semana inteiro para fazer isso. Depois, eu me sentia como se tivesse criado a *Mona Lisa*.

Claro que não era a ideia mais sensacional que o mundo já tinha visto. Mas era a *minha* ideia, e eu a achava incrível. Poderia inclusive ser a invenção que daria início a minha carreira de empreendedor.

Tenho um tio em San Diego – o irmão caçula de meu pai – que sempre tive em altíssima conta. Enquanto meus pais eram pessoas calmas, meu tio era muito rígido e exigente, o que, de certa maneira, me fazia querer ainda mais sua aprovação. Para ser honesto, tinha medo dele quando criança. Mas sempre soube que ele gostava de mim e queria que eu fosse bem-sucedido. Depois que me mudei para os Estados Unidos, ficamos ainda mais próximos, e eu o via como um segundo pai, tanto que depois daria o nome dele ao meu filho. Sempre me sentia bem mais seguro quando ele gostava de minhas ideias e escolhas. Então, enviei a ele uma cópia de meus desenhos, animado para saber qual seria sua reação à ideia dos "sapatos de rodinhas" e esperando encorajamento.

Imagine minha decepção quando, em vez de apoio, recebi uma pancada verbal. Meu tio achou a ideia uma tolice e me recriminou por ficar pensando em algo tão irrelevante quando deveria estar me concentrando na faculdade e em melhorar o inglês.

Fiquei tão desanimado que joguei os esboços no fundo de uma gaveta e não levei a ideia adiante. Se meu próprio tio a havia rejeitado, tinha certeza de que o mundo iria detestá-la ainda mais, e eu não queria ser rejeitado em público por estranhos. Em vez disso, me concentrei em tirar boas notas e continuar melhorando o inglês. Usando milhares de cartões de memória, passava muitas horas por dia aprendendo e memorizando novas palavras da nova língua. Ser bem-sucedido na escola era a maneira certa de obter a aprovação da minha família, principalmente do meu tio. E eu não queria apenas a aprovação deles: *ansiava* por ela. Disse a mim mesmo que tirar apenas notas 10 e ter um vocabulário impressionante também poderiam me tornar um empreendedor melhor um dia.

Tirar boas notas realmente valeu a pena, de certa forma. A Universidade Brigham Young me ofereceu uma bolsa de estudos, então me transferi para lá e completei a faculdade. Mesmo assim, sentia que faltava algo muito maior.

Dois anos depois, um homem chamado Roger Adams patenteou exatamente a mesma ideia (tênis-patins) e fundou a empresa Heelys. Em 2007, pouco depois de sua oferta pública inicial, a Heelys valia quase um bilhão de dólares. Enquanto isso, meu esboço estava em uma gaveta, acumulando poeira. Infelizmente, não foi o único esboço a parar ali. Ao longo dos anos, tive dezenas de novas ideias que achei que teriam potencial para se tornar produtos de sucesso. Mas, em vez de levá-las adiante, apenas acrescentava-as à pilha, e depois, suavemente, fechava a gaveta.

É claro que não há nenhuma garantia de que minha invenção do sapato de rodinhas teria feito o mesmo sucesso do tênis-patins de Adams, ou de que qualquer uma das minhas outras ideias teria se tornado a base de uma empresa de sucesso. Mas nunca dei a elas — ou a mim mesmo — uma chance para descobrir. Rejeitei minhas próprias ideias antes que elas pudessem ser rejeitadas pelo mundo. Desistir ao primeiro sinal de rejeição parecia bem mais seguro do que dar a minhas ideias a chance de serem criticadas. Era muito mais fácil eu mesmo rejeitar tudo.

Só que toda vez que eu via a garotada deslizando em um Heelys em shopping centers, calçadas e parques, toda vez que lia um artigo sobre como Adams tinha transformado sua paixão de infância em um modismo da cultura pop, pensava no que poderia ter acontecido comigo. A dor e o arrependimento eram insuportáveis.

Achei que me sentiria livre para me tornar um empreendedor depois da minha formatura, de posse de meu diploma em Ciência da Computação. Mas aconteceu o oposto. As pressões familiares e sociais não sumiram. Pelo contrário, ficaram mais fortes. Em vez de querer ganhar a aprovação dos outros sendo um bom aluno, agora queria ganhar a admiração deles tendo uma carreira forte e estável. Não tinha começado uma empresa na faculdade, e não comecei depois dela também. Em vez disso, tive um emprego atrás do outro até perceber que não queria ser programador. Temendo ter escolhido o caminho errado, mudei o rumo de minha carreira de maneira a me sentir seguro: voltei ao conforto do universo escolar, dessa vez em busca de um MBA na Universidade Duke. Depois, consegui um emprego em uma empresa que estava na lista das 500 mais da revista *Fortune*. Achava que os elogios e a aprovação que receberia por ter conseguido um cargo de prestígio e uma renda anual na casa dos seis dígitos iriam satisfazer meu empreendedor interno. Mas eu não poderia estar mais enganado.

No primeiro dia no novo emprego, minha chefe pediu que eu redigisse uma breve apresentação. Uma das perguntas era: "O que você faria se não estivesse fazendo isso?" Sem hesitar, escrevi: "Seria um empreendedor". Alguém perguntou: "Então por que você não é?" Eu não soube o que responder.

É incrível como os anos voam, e como surge uma grande lacuna entre a visão que você tem de si mesmo e o que você é na realidade. Em poucas palavras, eu tinha desistido do meu sonho. Aquele adolescente andando na neve não havia se tornado o próximo Bill Gates. Em vez disso, havia se tornado um gerente de marketing tranquilamente instalado em seu confortável degrau na escada corporativa, recebendo um bom salário. Às vezes, a inveja de amigos ou o orgulho da família me inspiravam uma temporária, mas falsa, sensação de que estava me saindo bem. Para mim, porém, o implacável tique-taque do relógio da vida era como o sol derretendo o campo nevado dos meus sonhos e ambições. Lembro-me de um dia voltar do trabalho e me trancar no closet, chorando de soluçar por horas a fio. Fazia muito tempo que eu não chorava.

Agora, sentado em nosso cobertor nos festejos de 4 de julho, sentia que meu sonho de empreendedorismo tinha acabado antes mesmo de começar. Se não tivera a coragem de montar uma *startup* quando era um universitário de 18 anos, ou quando ainda era solteiro aos 20, ou quando concluí o MBA aos 28, como faria isso sendo um gerente de nível médio de 30 anos e a poucas semanas de me tornar pai? Ser pai implicava um novo conjunto de responsabilidades que, a meu ver, me obrigaria a deixar o sonho de lado de uma vez por todas.

Uma grande explosão tomou o céu, e a escuridão foi iluminada por cores brilhantes. Sentado ali, contemplando o futuro, era quase como se conseguisse ver no céu uma projeção imaginária de *slides* do que seria o restante da minha vida. No trabalho, continuaria vendendo mais produtos, treinando mais funcionários e consolidando mais processos. Em casa, teríamos mais um ou dois filhos, enviaríamos todos para a escola e, depois, para a faculdade. A projeção terminava em meu próprio funeral, com alguém fazendo um discurso tocante, mas típico, elogiando minha lealdade e confiabilidade. Era um discurso para outro cara qualquer, não para o empreendedor que mudaria o mundo que eu tinha sonhado ser.

Tracy olhou para mim. Ela sabia havia semanas que eu estava infeliz, e também conhecia o motivo. "Você pode ter outro carro, outra casa, outra promoção ou outro emprego. Mas não pode viver com esse tipo de arrependimento", falou. E então minha esposa – minha esposa prestes a dar à luz – fez algo incrível. Ela me lançou um desafio. Disse que eu deveria largar o emprego, tirar seis meses para começar uma empresa do zero e trabalhar o mais duro possível para que desse certo. Se no final desse prazo eu ainda não tivesse decolado ou atraído algum investimento, voltaria para o mundo corporativo.

Senti uma descarga de adrenalina ao pensar que poderia estar totalmente livre para seguir meus sonhos. Mas, então, o medo se instalou. Se eu fracassasse, não haveria garantias de que conseguiria um emprego tão bom quanto o atual, e seria visto como um tolo por meus amigos. E ainda havia a pequena questão dos pais de Tracy.

Como eu, Tracy nasceu na China, e os pais dela têm ideias muito tradicionais sobre o que constituem trabalho e sucesso. Meu sogro, como a maioria dos sogros, era cético com relação ao cara que havia conquistado o coração da filha. Mas, com base no que Tracy me contava, eu sabia que ele gostava do modo como eu sustentava minha família. Largar meu emprego não o faria perder a cabeça? "Eu cuido dos meus pais e das preocupações deles", ela disse. "Você dê o máximo possível e não se arrependa de nada." Houve muitos momentos na vida em que percebi que tinha casado com a pessoa certa. Esse foi um deles.

Por muito tempo eu havia sonhado com o dia em que largaria o emprego e começaria uma empresa. Agora esse dia havia chegado, e eu não tinha certeza de como agir. Deveria dar uma de Jerry Maguire e fazer um discurso espalhafatoso no escritório antes de sair de lá? Ou deveria tentar algo ainda mais dramático e sair em grande estilo, como aquele comissário de bordo da JetBlue que largou o emprego descendo pelo escorregador de emergência do avião?

Não fiz nada disso porque, no dia em que entreguei minha carta de aviso-prévio, em 5 de julho, estava morrendo de medo. Durante muito tempo meu emprego havia sido uma rede de proteção. Assim que o deixasse, não haveria como voltar atrás. Estava prestes a embarcar rumo ao grande desconhecido. Também me sentia estranhamente preocupado com a reação da minha chefe. Aparentemente, eu tinha tanto medo de rejeição que, na verdade, estava preocupado de ela *rejeitar* meu pedido de demissão. Não queria aborrecê-la. Mas sabia que tinha de levar aquilo adiante. Então visualizei a gaveta cheia de planos empoeirados e reuni coragem suficiente para bater na porta do escritório dela.

Uma vez lá dentro, proferi de maneira desajeitada meu discurso ensaiado, falando do meu sonho de ser um empreendedor. "Se não fizer isso agora, nunca farei", disse, quase implorando para que ela entendesse e não se chateasse. O discurso foi bem diferente do de Jerry Maguire.

Minha chefe ficou visivelmente chocada. Enquanto me encarava – momento que pareceu durar vários minutos –, imaginei o que estaria pensando. Provavelmente se perguntava que tipo de insanidade havia se apossado de mim para que eu abrisse mão de um bom salário e largasse o emprego poucos dias antes de ter um bebê. Não queria que ela pensasse mal de mim, já que isso parecia uma espécie de rejeição, mas não sabia mais o que dizer, então só fiquei ali, desconfortável, mudando de posição na cadeira.

Ela acabou recuperando a voz. "Ai, meu Deus!", gritou. "Quem é que vai assumir todos os seus projetos? As contratações acabaram de ser suspensas por um tempo. Agora o que é que eu vou fazer?" Eu temia a rejeição dela, mas ficou claro que havia outras preocupações em sua cabeça.

Logo depois, comecei a contar aos amigos que ia deixar o emprego, e todas as vezes me surpreendia um pouco ouvindo minhas próprias palavras. Quando dei a notícia aos que compareceram ao nosso chá de bebê, houve um silêncio constrangedor. Em vez de escutar uma agulha caindo, deu para ouvir uma pena caindo.

Duas semanas depois de pedir demissão, saí do gigantesco prédio comercial pela última vez, dizendo adeus a salário, seguro-saúde, plano de aposentadoria e sala com ar-condicionado. Todos esses confortos – e desculpas para não viver meu sonho – foram ficando cada vez menores no espelho retrovisor. Estava empolgado e livre, embora assustado. A previsão era de que nosso filho, Brian, nasceria dali a quatro dias.

Caramba, disse para mim mesmo. *Isto é pra valer. É melhor eu não estragar tudo.*

Não há manual para construir o próximo grande sucesso, mas toda *startup* começa com uma ideia. Eu vinha matutando a respeito de uma havia algum tempo, algo em que acreditava e que era melhor – e mais sofisticado – do que rodinhas em um sapato.

Eu vinha pensando em como e por que as pessoas mantêm suas promessas. Fazemos promessas informais a amigos, familiares e colegas diariamente. E se eu conseguisse desenvolver um aplicativo que atribuísse pontos ou créditos quando as pessoas cumprissem uma promessa? Isso poderia se tornar um jogo que motivaria as pessoas a manter a palavra e melhorar seus relacionamentos, e tudo isso de uma maneira divertida. Tinha discutido essa ideia com muitos amigos e vários empreendedores que admirava, e a maioria havia gostado. Alguns inclusive a discutiram comigo por várias horas. O *feedback* deles me disse que eu estava no caminho certo e me deu confiança para finalmente – finalmente! – tentar transformar uma de minhas ideias empreendedoras em realidade.

No mesmo dia em que deixei o emprego, comecei a procurar gente que pudesse me ajudar a criar o aplicativo. Precisava principalmente de engenheiros de software de primeira linha para escrever o código (no mundo das *startups* de software, eu era considerado um fundador "não técnico", quer dizer, tinha a ideia e a experiência nos negócios, mas não tinha as impressionantes habilidades de programação necessárias para escrever sozinho o aplicativo). Então, comecei a recrutar. Perguntei a todos que conhecia se sabiam de possíveis candidatos. Quando eu já tinha esgotado os conhecidos, fui atrás de estranhos em *meetups*[1] e até mesmo em quadras de basquete. Quando acabaram as opções pessoais de busca, pulei para o Craiglist e o LinkedIn.

Meus esforços incansáveis valeram a pena. Em poucas semanas, tinha reunido uma equipe internacional de engenheiros muito habilidosos. O primeiro era Vic, que estava terminando um mestrado em Ciência da Computação e já tinha uma oferta de emprego na IBM.

---

1. Pequenos eventos informais organizados por empreendedores para trocarem ideias e fazerem *networking*. [N. T.]

Eu sonhava e Vic codificava o sonho. A segunda pessoa era Chen, um candidato a doutor em Ciência da Computação especializado em programação de algoritmos, que lia teoria avançada de arquitetura de software só por diversão. E ainda havia Brandon, que morava em Utah e era, literalmente, um *hacker*. No colégio tinha ganhado um bom dinheiro vendendo seu próprio software para hackear. Depois, largou a faculdade quando sua empresa de aplicativos para celulares se tornou bem-sucedida o bastante para pagar suas contas. O último, Vijay, era engenheiro na Índia e meu ex-colega. Nunca nos encontramos pessoalmente, mas sabia que ele trabalhava duro e era um mestre em codificação.

Tinha muito orgulho da minha equipe e me sentia honrado por terem acreditado na minha visão e estarem prontos para subir a bordo. Logo depois de contratá-los, aluguei um espaço em um escritório compartilhado – especialmente projetado para empreendedores – no centro de Austin, e começamos a trabalhar. Criar o aplicativo e iniciar o negócio foi duro, complicado e exigiu longas horas, semana após semana. Mas nunca me diverti tanto.

Fiquei surpreso com a rapidez com que uma equipe de engenheiros competentes pode criar um software. Abrimos caminho com cinco iterações de desenvolvimento do produto. Em três meses, criamos um aplicativo para a internet e outro para o iPhone que pareciam intuitivos e divertidos. Começamos a usar o aplicativo entre nós, e nos surpreendemos ao constatar como nossa vontade de manter a pontuação das promessas feitas uns aos outros impulsionou nossa produtividade. Claro, uma coisa é os inventores de um aplicativo adorarem o que criaram. Já conseguir que clientes desconhecidos empregassem o novo aplicativo – em um mercado repleto de aplicativos móveis – foi bem mais difícil. Milhares de aplicativos são lançados diariamente, e competíamos por atenção com todos eles. Mesmo assim, era evidente que tínhamos uma boa ideia nas mãos. Poderia não ser um sucesso instantâneo, mas eu sabia que poderíamos fazê-lo funcionar com um pouco mais de tempo.

No entanto, precisávamos de dinheiro. Eu estava casado com Tracy havia dois anos na época, e éramos grandes poupadores. Tinha investido a maior parte de nossas economias para dar início a minha nova aventura. Com o aumento dos custos operacionais e de pessoal, esse fundo começou a diminuir. Não poderia investir mais sem sujeitar nossas finanças a uma enorme pressão, principalmente com um recém-nascido. Tracy havia me dado seis meses. Eu precisava começar a mostrar resultados para justificar nosso investimento.

Quatro meses depois do início dessa jornada, parecia que minhas preces estavam prestes a ser atendidas. Nosso aplicativo de promessas atraíra o interesse de um investidor externo. Passei horas me preparando e escrevendo sobre o produto. A equipe praticava com o aplicativo sem parar, como se estivéssemos ensaiando para o *reality show* *Shark Tank*[2]. O produto não poderia estar melhor, pelo menos em nossa opinião. Mais tarde nos parabenizamos pelo sucesso. E então começou a espera, a mais agonizante que já experimentei.

Não era a primeira vez que eu passava pela tensa experiência de esperar que outras pessoas decidissem meu destino. Aos 15 anos tinha esperado semanas para que a embaixada americana em Pequim decidisse se me concederia o visto para que eu pudesse ir aos Estados Unidos (concedeu). Quando tinha 17 anos, esperei a Universidade Brigham Young decidir se iria me oferecer a bolsa de estudos que me possibilitaria bancar sozinho a faculdade (ofereceu). Quando tinha 25 anos, esperei uma carta de admissão da Faculdade de Administração da Duke (consegui). Quando tinha 28, esperei o "sim" de Tracy depois de pedi-la em casamento na frente de quatro colegas (o melhor "sim" da minha vida). Foram momentos de dar nos nervos, decisões capazes de mudar radicalmente minha vida. Mas, não sei por quê, em termos de nível de ansiedade, não foram nada em comparação com a espera por essa decisão do investidor.

---

2. Série de TV americana que mostra empreendedores apresentando ideias de negócios a possíveis investidores. [N. T.]

Eu ainda acreditava que estava destinado a me tornar um grande empreendedor. Mas tinha apenas mais dois meses para salvar meu sonho, e esse investimento parecia a tábua de salvação. Queria tanto que desse certo que cheguei a sonhar cinco vezes que recebia um "sim" do investidor, e toda vez eu acordava achando que o investimento tinha acontecido. Lembro nitidamente que, nos sonhos, eu pegava o telefone e ligava para minha esposa e minha família para lhes dar a boa notícia.

Dias depois, estava em um restaurante, na festa de aniversário de um amigo, quando meu telefone vibrou. Era um e-mail do investidor. Minha mão começou a tremer, e uma sensação nefasta se apoderou de mim.

Segurei o telefone por um longo tempo sem abrir o e-mail, tentando canalizar todo tipo de energia mental positiva para o seu conteúdo. Então, cliquei para abri-lo. Era um e-mail muito curto. O investidor tinha dito "não".

2

Lutando contra a rejeição

Passei o telefone para Tracy para que ela pudesse ler o e-mail. Então pedi licença para sair da mesa. À minha volta alguns fregueses deixavam o restaurante enquanto novos grupos chegavam. Podia escutar meus amigos cantando "Parabéns a você" lá dentro. Da mesma forma que no último feriado de 4 de julho, sentia-me uma pessoa solitária e triste, à deriva em um mar de felicidade alheia. Antes, havia fracassado ao não assumir um risco. Agora, havia assumido um risco e fracassado.

Fiquei ali no estacionamento por uns bons 15 minutos, tentando recuperar meu controle emocional. Acabei voltando à mesa, mas acho que não disse mais nenhuma palavra no restante da noite. Tracy me contou depois que eu parecia o garoto do filme *O sexto sentido*, aquele que via pessoas mortas.

Durante meses eu finalmente estava indo ao trabalho sentindo-me orgulhoso, como um homem que vivia o próprio destino. Mas, no dia seguinte à recusa do investidor, tudo pareceu diferente. Minha ida ao trabalho me deixou deprimido, e o trânsito estava insuportável. Nosso escritório compartilhado, do qual começara a gostar, não parecia mais convidativo. Até mesmo o gerente administrativo, sempre alegre, parecia menos simpático. Eu tinha sido rejeitado. Meu sonho tinha sido rejeitado. E isso doía.

O sucesso não parecia mais um resultado garantido. Na realidade, não parecia mais provável, nem mesmo plausível. Comecei a duvidar da minha ideia: *O investidor é um veterano em empreendedorismo. Se ele acha que não vale a pena investir na minha empresa, deve haver alguma verdade nisso.*

Também comecei a duvidar de mim mesmo: *Quem você pensa que é? Quem lhe disse que estava decretado que você seria um empreendedor de sucesso? Você está vivendo um sonho infantil. Bem-vindo à realidade, meu amigo! Sucesso em uma* startup *é para gênios especiais como Bill Gates e Steve Jobs. Você é apenas como todo mundo — alguém que quer ser famoso.*

Depois comecei a ficar com raiva de mim mesmo: *Que diabos você estava fazendo? Como pôde ser tão idiota, desistindo de um bom emprego e mergulhando de cabeça em uma aventura no desconhecido?*

Também senti pena de Tracy, convencido de que a havia decepcionado. *Vê como isso foi doloroso? Você vai passar por tudo isso e ser rejeitado de novo? De jeito nenhum!*

No fim, comecei a ficar assustado: *E agora? O que seus amigos vão dizer? E seus sogros? Eles provavelmente pensam que você é irracional e um marido e pai irresponsável — e talvez você seja mesmo.*

O problema com a insegurança é que você começa a achar que todo mundo pode rejeitá-lo, mesmo os entes queridos mais próximos. Meu primeiro dia de volta à *startup* depois da rejeição do investidor foi lúgubre. Quando voltei para casa naquela noite, senti vontade de pedir desculpas a Tracy. Disse a ela que sentia muito ter fracassado e que estava começando a achar que a vida em uma *startup* não era para mim. Sugeri que poderia reduzir meu prejuízo e começar a procurar um novo emprego algumas semanas antes do que havíamos planejado, para conseguirmos ter uma renda normal novamente.

Quando parei de falar, olhei para Tracy, esperando vê-la se aproximar e me abraçar em solidariedade. Em vez disso, recebi uma bronca: "Eu lhe dei seis meses, não quatro", ela falou. "Você ainda

tem dois meses. Continue em frente e não se arrependa de nada!"
Eu estava pronto para desistir, mas Tracy pensava de outro modo.
Ela estava determinada, como um quarterback enraivecido que
pega o capacete do oponente e grita dentro dele depois de ser der-
rubado. Foi outro momento em que percebi que tinha casado com
a pessoa certa.

Concordei que iria continuar por mais dois meses e que, durante
esse tempo, faria tudo ao meu alcance para que minha ideia aconte-
cesse e minha empresa decolasse.

Mas o fracasso do primeiro financiamento me deixou aterrorizado
com uma próxima rejeição. Queria buscar outros investidores, mas estava preso pelo medo de que todos dissessem "não" e meu sonho morresse. Quando me olhava no espelho, via um cara ambicioso que não
conseguia lidar com a rejeição. Tinha trabalhado durante anos em um
ambiente corporativo seguro, escondido dos riscos no meio de uma
equipe. Não estava acostumado a dar a cara a tapa. Se eu realmente
queria ser um empreendedor, teria de lidar melhor com o "não". Será
que Thomas Edison, Konosuke Matsushita ou Bill Gates pensaram
em desistir depois de apenas quatro meses? De jeito nenhum!

Eu tinha dois meses para melhorar o aplicativo e encontrar outro
investidor. Mas percebi que também precisava encontrar uma maneira
de ficar mais forte diante da rejeição. Precisava não apenas superar
meu medo de ouvir um "não", mas aprender como ter sucesso frente
a ele. Se eu fosse Davi, então a rejeição seria meu grande e cabeludo
Golias. Precisava encontrar as ferramentas certas, a armadura certa e
o estilingue e a pedra certos para derrubá-lo.

Comecei com a arma mais *high-tech* do meu arsenal: o Google. Digi-
tei "superar rejeição" na caixa de buscas e rapidamente examinei os
resultados: um artigo sobre como fazer isso, um monte de artigos de
psicologia e um punhado de citações inspiradoras. Nada daquilo me

pareceu uma solução para meu problema. Não estava interessado em aconselhamento ou doses de inspiração. Queria ação.

Após navegar por uma série de links, tropecei em um site dedicado a algo chamado Terapia da Rejeição – um tipo de jogo desenvolvido por um empreendedor canadense chamado Jason Comely, no qual você busca a rejeição de forma proposital, repetidas vezes, para se dessensibilizar em relação à dor da palavra "não". Por alguma razão, me apaixonei pela ideia. Ela me lembrava da antiga técnica do Punho de Ferro do kung fu, na qual uma pessoa repetidamente dá socos em objetos duros para ganhar resistência à dor.

Talvez eu tivesse assistido a muitos filmes de kung fu, mas a ideia de superar a rejeição me lançando contra ela seguidas vezes me atraía de um modo inusitado. Era exatamente disso que precisava: uma postura de Punho de Ferro com relação à rejeição. Então fiz uma jogada extraordinária, que me fazia lembrar de minha promessa adolescente de conquistar a Microsoft: jurei não apenas tentar a terapia da rejeição como repeti-la cem vezes, gravar em vídeo a experiência toda e começar um blog sobre o assunto. Encontrei um domínio chamado FearBuster.com. Ali eu iria começar meu blog, que chamei de "100 dias de rejeição". Nunca tinha escrito um blog antes, mas gostei ao ver que essa plataforma tinha uma certa confiabilidade embutida. Se conseguisse atrair algum seguidor, seria difícil desistir no meio do caminho.

O jogo de Comely envolve um baralho com tarefas predefinidas que os jogadores podem fazer todos os dias e que provavelmente acabarão em um "não", coisas como "Envie uma solicitação de amizade a um completo estranho no Facebook" ou "Pergunte a alguém na rua como chegar a determinado lugar". Mas achei muito monótono. Se ia fazer isso, queria que meus experimentos de rejeição fossem criativos, até mesmo um pouco malucos. Também queria que fossem exclusivamente meus. Achei que isso poderia injetar um pouco de diversão em uma tarefa que me aterrorizava.

No dia seguinte, comecei minha jornada de rejeição.

100 DIAS DE REJEIÇÃO: 1º DIA

Passei quase o dia todo sem fazer nenhuma jogada. Começar não era nada fácil, primeiro porque a rejeição era algo que me assustava, e depois porque eu não tinha uma ideia clara do que deveria estar tentando alcançar. Então, naquela tarde, quando andava pelo saguão do prédio onde ficava meu escritório, reparei no segurança atrás da mesa. Tive uma ideia. O que aconteceria se eu lhe pedisse para me emprestar 100 dólares? Assim que me fiz essa pergunta, senti os pelos da minha nuca se eriçando. Parecia óbvio que o guarda diria "não" – e, na verdade, essa era a questão. Mas *como* ele diria "não"? Será que ele me xingaria? Riria na minha cara? Tiraria o cassetete e começaria a me bater? Será que ele pensaria que eu era um maluco e ligaria para o hospício mais próximo perguntando se algum paciente asiático de 1,80 metro tinha desaparecido – tudo isso enquanto me imobilizava com um golpe de gravata? Espere aí: será que esse cara era do tipo que carregava uma pistola ou uma arma de choque?

Todas essas perguntas, que a cada segundo ficavam mais loucas e sombrias, enchiam minha cabeça. Então, antes que morresse de medo, decidi fazer a maldita pergunta e ver o que aconteceria. Peguei o celular, apertei o botão de gravação de vídeo e apontei a câmera para mim mesmo: "OK, esta é minha primeira tentativa. Vou pedir 100 dólares a um estranho. Ah... isso é realmente difícil, mas vamos tentar".

Com o celular gravando, comecei a andar em direção ao segurança, que lia o jornal.

"Com licença", falei, com o coração martelando como se tivesse acabado de engolir cinco xícaras de café. Ele levantou os olhos e, antes que pudesse dizer qualquer coisa, fiz a pergunta: "Será que poderia me emprestar 100 dólares?"

Ele franziu a testa. "Não. Por quê?"

"Não? Tudo bem. Não? OK, obrigado!", falei, tropeçando nas palavras. Um zumbido indistinto me tapou os ouvidos e me afastei o mais rápido que pude, sentindo-me algum tipo de presa correndo de um predador que ainda decidia se me perseguiria ou me deixaria fugir.

Fui até um canto do prédio e me sentei para me acalmar. Algumas pessoas devem estar se perguntando qual era o grande problema nisso tudo. É que, para mim, ser rejeitado por dinheiro era uma mistura épica de fracasso e vergonha. Eu tinha vindo para os Estados Unidos na condição de imigrante, tinha frequentado boas escolas e trabalhado em boas empresas. Tinha orgulho do *status* social que adquirira ao longo dos anos. Pedir dinheiro a um estranho era bem difícil; ser rejeitado era quase demais para mim, mesmo que fosse um experimento de rejeição proposital.

Cara, que droga, falei para mim mesmo. Esperava que meu pai não visse o vídeo – ou, pior, meu tio. Não queria que me vissem fingindo esmolar. Mas essa era a terapia da rejeição, afinal de contas, e supõe-se que terapias sejam dolorosas. Saí do prédio esperando lidar melhor com a situação da próxima vez.

Naquela noite, enquanto editava o vídeo antes de postá-lo no You-Tube e no meu videoblog, tive uma perspectiva totalmente nova da experiência. Pude ver no vídeo como estava aterrorizado. Quando falava com a câmera antes de fazer o pedido, parecia aquele cara do quadro *O grito*, de Edvard Munch, só que com um sorriso forçado e um pouco de cabelo. Se eu estava com aquela cara, imagino o que o segurança deve ter pensado quando me viu e como se sentiu.

Então assisti à parte seguinte, quando eu fazia a pergunta e o segurança respondia. Ele diz "não", mas depois pergunta "por quê?", dando-me a chance de me explicar. Eu estava tão apavorado por ter feito a pergunta que não cheguei realmente a escutar a resposta toda que ele deu. Talvez ele tenha ficado intrigado com meu pedido insólito. Talvez tenha visto como eu parecia assustado e achado que eu poderia estar com algum problema. De todo modo, ele se ofereceu para estender a conversa. Eu poderia ter dito, com toda a franqueza: "Estou tentando superar meu medo de rejeição, então estou me obrigando a fazer pedidos absurdos". Ou "estou tentando ver se posso fazer algo impossível acontecer. Se você confiasse em mim e me desse os 100 dólares, eu os devolveria logo depois. Trabalho aqui. Eis minha carteira de motorista, se isso ajudar". Poderia ter dito muitas coisas para ao menos parecer lógico e tranquilizá-lo.

Mas o que foi que eu disse? "Não? Tudo bem. Não? Certo, obrigado!" A única coisa que eu queria era sair de lá o mais rápido possível. Assistindo à conversa gravada em vídeo, tudo em que pensava era: *Que oportunidade perdida*. O medo havia me transformado em um idiota balbuciante.

Enquanto pensava no que iria escrever, também tive de me perguntar: "Por que eu estava tão assustado? O segurança não parecia ameaçador nem intimidador, e, definitivamente, não parecia alguém que iria me bater com um cassetete só porque fiz uma pergunta. Mas me aproximei dele como se ele fosse um tigre faminto. Meu objetivo tinha sido obter uma rejeição, e conseguira o que queria. Então por que foi um momento tão assustador?"

Não tinha essas respostas. Mas sabia que meu medo tivera um impacto negativo sobre o resultado. Decidi começar o experimento de rejeição do dia seguinte com uma postura diferente. Dessa vez, queria mostrar um pouco de confiança e compostura durante meu encontro e ver se obtinha o mesmo resultado. Queria ser capaz de sustentar uma conversa e me explicar. Queria até mesmo injetar um pouco de humor no pedido, se isso fosse possível.

100 DIAS DE REJEIÇÃO: 2º DIA

Hora do almoço no dia seguinte. Estava com bastante fome, então fui até o Five Guys Burgers and Fries e pedi um grande e saboroso cheeseburger com bacon. Depois de devorar o sanduíche em poucas mordidas, minhas papilas gustativas imploravam para que eu pedisse mais um. Tinha comprado refrigerante com o hambúrguer e, quando estava enchendo meu copo, notei um cartaz na máquina de bebidas dizendo que o refil era gratuito. De repente, tive uma ideia para outro experimento de rejeição. Dessa vez, nem me dei a chance de pensar muito sobre o que ia pedir, senão ia pirar e perder a coragem. Saquei meu iPhone, apertei a tecla de gravar e me aproximei do caixa.

"Pois não?", perguntou o rapaz.

Endireitei a postura, abri um pouco o peito e fiz contato visual direto. "Seu hambúrguer é realmente bom. Pode me dar um refil?"

"Um, um, um... o quê?" O atendente gaguejou um pouco, tentando confirmar o que achava ter escutado. Então, repeti o pedido.

"Um refil de hambúrguer? Como assim?", perguntou, parecendo totalmente perplexo.

"Tipo um refil de graça. Vocês têm refil para hambúrgueres?" Tentei parecer bem informal e calmo, como se estivesse fazendo uma pergunta lógica.

O atendente disse "não". Mas, em vez de sair andando, dessa vez fiz outra pergunta, enquanto tentava não rir do absurdo que estava perguntando: "Como é que vocês têm refil para bebidas e não para hambúrgueres?"

"É assim que funciona, cara", disse o atendente, dessa vez dando risada.

Disse a ele que iria gostar mais do restaurante se oferecessem refil para hambúrgueres, então sorri e fui embora.

Naquela noite, enquanto editava o vídeo, analisei a conversa. Vi como meu comportamento tinha mudado dessa vez. Ainda parecia um pouco nervoso, mas não tinha mais aquele pânico de vida ou morte. Nem a onda de vergonha como a do dia anterior, no saguão. O mais importante foi que inclusive cheguei a me divertir um pouco. E, quando fui rejeitado, consegui manter uma conversa sem sair correndo do local. Até fiz o atendente sorrir.

Era o segundo dia da minha jornada de rejeição e já tinha aprendido minha primeira grande lição: o modo como você faz a pergunta – e como continua a conversa – tem impacto no resultado obtido. Pode não mudá-lo, mas alivia bastante a pressão de ouvir um "não". Projetar confiança e permanecer calmo – em vez de se acovardar – produziu uma experiência totalmente diferente. Se eu pudesse repetir esse tipo de confiança em minha vida profissional, a rejeição poderia não ter um impacto tão arrasador em minha trajetória. E também poderia não doer tanto.

Tinham-se passado apenas dois dias e eu já estava me sentindo um pouco mais forte. E agora que meu pânico estava se acalmando, minha criatividade começava novamente a fluir. Sentia-me mais firme e um pouco menos medroso de ouvir a palavra "não".

100 DIAS DE REJEIÇÃO: 3º DIA

No dia seguinte, preso no trânsito, estava pensando em como ser rejeitado quando vi uma loja Krispy Kreme à margem da pista. Era o ano de 2012, das Olimpíadas de Londres, e os Jogos estavam na minha cabeça. Então tive uma ideia ridícula de rejeição que poderia experimentar nessa loja de donuts ao voltar para casa naquela noite. Eu pediria que me fizessem cinco donuts interligados no formato dos anéis olímpicos. Eles diriam "não", eu compraria uma caixa de donuts comuns e iria para casa, com uma rejeição e uns docinhos como resultado da minha valentia.

Saí do trabalho um pouco mais cedo e dirigi até a Krispy Kreme. Estava estranhamente ansioso para ser rejeitado dessa vez, talvez porque houvesse a promessa de alguns donuts no final. Comecei a gravar o vídeo enquanto dirigia, preparando o "episódio" para meu videoblog. Quando entrei na loja, estava cheia de fregueses. Enquanto esperava na fila, ensaiei algumas piadas pré-planejadas na cabeça e me preparei para ficar calmo, confiante e respeitoso. No vídeo, posso me ouvir sussurrando *"Vai ficar tudo bem"*. Tentei me visualizar como a versão chinesa de Bill Clinton, o cara mais carismático em quem pude pensar, esperando que isso melhorasse minha confiança.

Finalmente, chegou a minha vez. A atendente – que era a gerente do turno – parecia ter uns 40 anos. Seus cabelos loiros estavam presos em um rabo de cavalo debaixo de um boné de beisebol do uniforme da Krispy Kreme.

"Pois não?", perguntou.

Abri para ela o que esperava ser um sorriso presidencial ao estilo Clinton. E fiz a pergunta: "Vocês fazem donuts especiais?"

"Que tipo de donuts especiais?"

"Ah, gostaria de pedir uma porção de..." e parei um instante, olhando para baixo. Então levantei os olhos até o cardápio na parede como se houvesse um item chamado "Donuts Olímpicos".

Respirei fundo, me obriguei a restabelecer o contato visual e mergulhei de cabeça. "Vocês podem ligar cinco donuts e fazê-los parecer o símbolo olímpico?"

Ela inclinou a cabeça de lado e colocou a mão no queixo, deixando escapar um "Ah!" surpreso. Foi então que as coisas ficaram interessantes.

"E para quando você quer?", ela perguntou, depois de alguns segundos.

"Ahn?", murmurei, como se não tivesse entendido a pergunta. Ela me pegou de surpresa.

"Quando?", ela repetiu.

Parei um segundo. Esperava que ela fosse dizer "não", então eu iria explicar o motivo de estar pedindo isso, fazer alguma piada e ir para casa. Mas ela estava me perguntando "quando" como se me levasse a sério.

"Nos próximos... quinze minutos?", falei, esperando que o prazo a fizesse dizer um rápido "não".

Ela desviou o olhar, ainda com a mão no queixo, e começou a pensar.

Então, pegou um pedaço de papel e uma caneta. Nos cinco minutos seguintes, conversamos sobre como seriam os donuts. Ela começou a fazer anotações e a desenhar os anéis no papel. Pensou em voz alta como faria esses donuts com o forno e a fritadeira da Krispy Kreme. Então, com o olhar de uma atleta olímpica determinada a ganhar a medalha de ouro, olhou para mim e disse: "Vou ver o que posso fazer". E desapareceu cozinha adentro.

Encontrei uma cadeira e esperei meu pedido. *Isso está realmente acontecendo?*, não parava de me perguntar. Tinha entrado ali para fazer um pedido ridículo e ganhar um "não". Agora ali estava eu, embasbacado com aquele igualmente ridículo "sim".

Meu telefone tocou. Era Tracy, perguntando quando chegaria em casa. O jantar estava pronto. "Você terá de esperar mais alguns minutos", falei. "Lembra-se dos meus 100 dias de rejeição?"

"Sim…", ela falou devagar, claramente imaginando o tipo de enrascada em que eu havia me metido.

"Algo incrível está acontecendo", falei. "Explico tudo quando chegar. Acredite, vai valer a pena esperar."

Alguns minutos depois, a mulher saiu da cozinha com uma caixa de donuts nas mãos. Dentro havia cinco donuts interligados, cada um com uma cobertura da cor apropriada. Eles sem dúvida pareciam com os anéis olímpicos.

"Uau! Ficou muito bom. Muito bom!", falei. Foi só então que notei o nome em seu crachá: "Jackie". Mais tarde fiquei sabendo que o nome dela era Jackie Braun e que era de Nova York. "Jackie, sou seu fã!"

Ela me disse que eu era gentil, então abriu um grande sorriso, do tipo que você só vê em alguém que fez outra pessoa feliz. Eu estava pronto para pagar o que ela pedisse pelos donuts, e fiz o movimento de pegar a carteira. Mas Jackie me surpreendeu de novo: "Não se preocupe. É por minha conta".

Não conseguia acreditar. Perguntei duas vezes se ela falava sério. Sim, falava.

Não sabia como lhe agradecer. Fui apertar a mão dela, mas de alguma maneira esse gesto acabou virando um abraço.

Na volta para casa, fiquei olhando para a caixa de donuts no banco do passageiro. Não era todo dia que via aquele tipo de atendimento incrível e a bondade que Jackie havia demonstrado. Eu já tinha ouvido muitas histórias de brigas, roubos, ambição corporativa e baixa qualidade alimentar nos restaurantes de fast-food. Mas gerentes de fast-food dispostos a preparar um pedido absurdo em 15 minutos? Isso era notável!

Mais notável ainda foi meu experimento de rejeição ter sido rejeitado. Não tive de fazer piadas, me explicar ou incorporar Bill Clinton. Não tive de fazer nada para conseguir um "sim", a não ser reunir coragem para fazer o pedido. Jackie e eu unimos forças para realizar minha ideia maluca, e nos divertimos bastante pensando fora dos padrões esperados em nossos dias. Se não tivesse feito a pergunta, nunca teria vivido esse momento. Os donuts no formato de anéis olímpicos nunca teriam sido feitos, e Jackie nunca teria tido a oportunidade de agradar um freguês de uma maneira inesperada. Na volta para casa, não podia deixar de sentir que o mundo era um lugar mais bondoso, e as pessoas, mais simpáticas do que pensava.

Estava realmente empolgado. Não me sentia assim desde criança. Não era a breve excitação que a gente sente quando está brincando ou a onda de adrenalina depois de uma vitória surpreendente. Eram... possibilidades. A sensação de que o mundo está bem mais repleto de possibilidades do que eu havia imaginado. Se eu conseguia, sem o menor esforço, ganhar donuts no formato de anéis olímpicos feitos sob encomenda no Krispy Kreme, o que mais seria possível se eu simplesmente pedisse? Uma pergunta melhor: o que seria possível se eu realmente me empenhasse?

Quando cheguei em casa, mostrei o vídeo para Tracy. Ela ficou tão impressionada quanto eu e deixou escapar um grande "Uau". Depois do jantar (que já tinha esfriado fazia tempo), atacamos nossa sobremesa inesperada: os donuts olímpicos. A cobertura era bem doce, mas a sensação que os donuts proporcionaram foi mais doce ainda.

Depois do jantar, subi o vídeo no YouTube e no meu blog, junto com alguns comentários sobre o que achei do encontro. Queria compartilhar a história com o mundo; queria que as pessoas conhecessem uma incrível funcionária de uma loja de donuts em Austin que levava seu trabalho a sério e que me fez ganhar o dia, e também queria mostrar às pessoas o que era possível com um pouco de coragem e criatividade. Esperava que algumas centenas de pessoas vissem esse vídeo. E que talvez, depois de assisti-lo, confiassem um pouco mais nos outros e se abrissem um pouco mais. Talvez.

Diz a Bíblia que o apóstolo Paulo era um algoz de cristãos, tendo perseguido e matado muitos dos primeiros seguidores de Jesus. Na estrada para Damasco, ele teve um encontro pessoal com Jesus e experimentou uma das conversões mais dramáticas e radicais da história da religião. Paulo acabaria se tornando um influente missionário cristão. Sua obra e sua escrita literalmente alteraram a história da humanidade, acelerando a disseminação do cristianismo a ponto de o Império Romano adotá-lo como religião oficial.

Não sou o apóstolo Paulo, e Jackie não é Jesus. Mas aquela ida à Krispy Kreme foi minha própria versão da estrada para Damasco. Meu mundo foi alterado, e me sentia quase como se fosse uma nova pessoa. O primeiro e o segundo experimentos de rejeição haviam mudado minha perspectiva, mas o terceiro havia transformado minha atitude. Antes de Jackie, nem mesmo considerara a possibilidade de que as pessoas pudessem dizer "sim" a um pedido meu. Mas depois daquela experiência meu foco mudou. Não se tratava mais de obter uma rejeição e apenas lidar com a dor que ela provoca, mas ter a coragem de fazer grandes pedidos. Parei de me preocupar tanto em receber um "sim" ou um "não", o que significava, eu supunha, que estava começando a me preocupar menos com o que as outras pessoas pensavam de mim. E isso era libertador.

100 DIAS DE REJEIÇÃO: DO 4º AO 6º DIA

No dia seguinte, fui a uma filial da Domino's e perguntei se poderia entregar uma pizza para eles como entregador voluntário. No outro dia, perguntei a um atendente de supermercado se ele poderia me guiar em uma visita pelo depósito. A resposta aos dois pedidos foi "não", mas não levei para o lado pessoal. Eu me sentia confiante e descontraído, e estava me divertindo.

Também senti que era hora de intensificar o desafio. Até então, tinha me aproximado das pessoas em seu local de trabalho. Elas basicamente tinham de falar comigo porque lidar com fregueses fazia parte do emprego. Um dia, voltando para casa depois do trabalho, pensei: *E se eu começasse a buscar a rejeição de gente que não tem nenhum motivo para falar comigo?* Senti os pelos da minha nuca se eriçarem de novo. Mas queria me obrigar a ficar desconfortável. Foi então que criei o experimento de rejeição número seis: bater na porta de um estranho e perguntar se poderia jogar bola em seu quintal.

Quando morei em outras partes do país, e testemunhava (ou fazia) algo que poderia ser considerado anormal ou perigoso, costumava ouvir a frase: "No Texas, você levaria um tiro por causa disso". Bom, Austin era a capital do estado "você-levaria-um-tiro-por-causa-disso". E, com o pedido número seis, estava querendo invadir o espaço pessoal de um texano qualquer – o que não parecia uma boa ideia, mesmo na melhor das situações. E foi por isso que, quando parei diante da porta do torcedor do Dallas Cowboys, suando em meu uniforme de futebol e esperando a resposta dele, não pude deixar de me perguntar: *Será que vou sair inteiro desse experimento de rejeição?*

Scott, o torcedor do Cowboys, levou alguns segundos para reagir ao meu bizarro pedido. Mas então abriu um leve sorriso e disse: "Acho que sim".

Os cinco minutos seguintes são um grande borrão na minha mente: só sei que andei pela casa desse desconhecido até o quintal, quiquei a bola com o pé no gramado e posei para uma foto. Não sabia ao certo qual de nós estava mais confuso com a situação, mas fiquei agradecido por Scott ter entrado na brincadeira. Quando estava indo embora, não pude deixar de lhe perguntar por que tinha dito "sim".

Scott esfregou o queixo. "Bom, foi tão estranho... como é que eu podia dizer 'não'?"

Como é que eu podia dizer "não"?

Essas palavras grudaram na minha cabeça como uma dessas músicas da lista das 10 mais que você não para de repetir. Depois do experimento na Krispy Kreme, eu sabia que iria receber mais vezes um "sim". Mas um "sim" de um torcedor fanático de futebol americano, que concordara em não assistir à prorrogação para poder tirar a foto de um estranho jogando futebol no seu quintal? Apesar de não ter absolutamente nenhum motivo ou incentivo para concordar, ele tinha sido levado a isso por causa – e não apesar – da estranheza do pedido.

É claro que nem todo mundo iria me dizer "sim" como Scott fizera. Mas ele me ensinou que às vezes a curiosidade pessoal de quem ouve a pergunta pode ditar o resultado. E, ao aguçar o interesse do outro com o modo como faço o pedido, posso aumentar a probabilidade de receber um "sim".

O jogo de rejeição criado por Jason Comely gira em torno de dessensibilizar a pessoa para a dor, mas meu experimento dos 100 dias de rejeição estava rapidamente se tornando algo muito diferente: um curso rápido sobre a vida e os negócios. Estava começando a perceber a importância do meu estilo de comunicação para os resultados que vinha obtendo. Quando me mostrava confiante, simpático e aberto, as pessoas pareciam mais propensas a aceitar meu pedido; mesmo se diziam "não", elas ao menos interagiam mais tempo comigo para fazer perguntas. Se eu conseguisse descobrir o modo certo de me comunicar em cada situação, poderia aumentar minhas chances de ser aceito, e também diminuir meu medo de uma possível rejeição.

Talvez a rejeição fosse algo bem menos preto no branco do que parecia. Não se tratava apenas de estar no lugar certo na hora certa para conseguir ou não o que queria. Talvez houvesse coisas que eu pudesse fazer para influenciar ou mesmo mudar o resultado. Em cada rejeição, entravam em jogo muitas variáveis, inclusive quem estava pedindo, quem estava recebendo o pedido, o que estava sendo pedido, como isso era pedido, quantas vezes e onde era feito o pedido. Talvez fosse como uma equação: ao mudar qualquer um desses fatores, o resultado seria completamente diferente. De noite, ficava deitado na cama pensando no passado e imaginando como meus resultados teriam sido diferentes se eu tivesse compreendido antes um desses elementos.

Quando tinha 25 anos, me candidatei e entrei na faculdade de Administração dos meus sonhos, com o objetivo de aprender tudo que pudesse sobre negócios para um dia me tornar um líder e um empreendedor. No fim do curso, devendo 80 mil dólares de empréstimo acadêmico, já tinha uma enorme bagagem de teorias de negócios e me tornara um mestre em planilhas eletrônicas e apresentações em PowerPoint. Só que agora, em menos de uma semana na jornada de rejeição, achava que tinha aprendido mais sobre negócios e psicologia humana do que em todos os anos que passara nas aulas de Administração.

E algo mais estava começando a mudar: minha confiança e minha atitude.

Menos de uma semana depois de ter me aproximado do segurança pedindo 100 dólares, comecei a perceber mudanças no modo como me portava e me movimentava pelo mundo. Ainda trabalhava com minha equipe na *startup*, e ainda tentávamos fazer nosso aplicativo decolar. Mas, em vez de exercer minha liderança na empresa com uma vaga sensação de medo, sentia-me mais empenhado do que nunca. Sorria um pouco mais e realizava reuniões com mais segurança. Apresentava minhas opiniões mais abertamente, sem ficar estudando o tempo todo o rosto das outras pessoas para ver se elas estavam gostando do que eu dizia. Pedia seus comentários sem buscar elogios e passei a não levar tanto as críticas para o lado pessoal. Sem a reação negativa que eu geralmente ligava a isso – entendendo todo comentário como uma crítica –, o *feedback* se tornou mais útil. Percebia que estava me tornando um líder que perguntava, ouvia e inspirava, em vez de alguém que apenas dava instruções. Minha confiança aumentou.

Mas as mudanças não se limitavam à minha vida profissional. À medida que me tornava mais consciente de como meu comportamento influía no mundo ao redor, falava com mais clareza e ponderação quando conversava com minha esposa e meus amigos. Nas primeiras semanas dos meus 100 dias, várias pessoas me disseram que eu parecia diferente de algum modo, mais seguro. Até mesmo meus sogros passaram a me olhar de uma nova maneira: parecia que começavam a me respeitar.

A sensação era de que estava acontecendo aquele tipo de transformação mágica de que as pessoas falam nos comerciais exibidos tarde da noite anunciando produtos destinados ao autoaperfeiçoamento. Sempre achei que era preciso trabalhar duro para ir atrás de meus sonhos, e nunca tinha acreditado muito em histórias de transformação de vida. Mas agora, ao que parecia, eu estava realmente começando a viver isso. Estava descobrindo algo novo, excitante e útil. E mal podia esperar para ver o que aprenderia a seguir.

Mas então aconteceu algo que interrompeu tudo o que eu estava fazendo e aprendendo.

A fama.

3

Experimentando a fama

Desde que eu começara a gravar e postar meus experimentos de rejeição, o tráfego no meu site vinha crescendo de forma constante. Minha aventura na Krispy Kreme foi um vídeo particularmente popular; centenas de pessoas assistiram a ele logo depois que o postei.

Então alguém postou esse vídeo no Reddit.com, um site de notícias em que os usuários podem enviar conteúdo da rede e outros usuários podem votar nele. O conteúdo que recebe mais aprovação entra para a página inicial do Reddit.com, sendo visto por milhares de pessoas. Meu vídeo – postado pelo usuário BHSPitMonkey sob o título "Homem tenta fazer pedidos estranhos a fim de ser rejeitado; incrível gerente de loja de donuts aceita o desafio" – rapidamente bombou. Gerou mais de 15 mil votos "a favor" e ficou na página principal do Reddit por dois dias seguidos. Também atraiu mais de 1.200 comentários, a maioria de pessoas emocionadas com Jackie:

"Ela transcendeu sua posição na vida. Muito inspirador." – userofhissite

"Ela é minha heroína. Sou gerente de uma pizzaria e isso me emocionou." – Ghostronic

"Comecei a chorar quando ela não cobrou. Eu deveria ser uma pessoa melhor." – HectorCruzSuarez

Também havia muitos comentários sobre a Krispy Kreme:

"Isso definitivamente melhorou a imagem que eu tinha da Krispy Kreme, embora saiba que eles ainda não empregam um exército de clones de Jackie em todas as lojas." – Anônimo

"Essa mulher fez muito mais pela Krispy Kreme do que dar os donuts, essa RP é inestimável para uma empresa." – ubrpwnzr

"Sempre admirei a Krispy Kreme." – Wingineer

Havia ainda comentários sinceros a respeito da interação com o consumidor e atendimento ao cliente:

"Quando trabalhava no varejo, gostava de situações desafiadoras como essa (se você levar numa boa, quer dizer). Sério, a chance de pensar mais profundamente sobre algo me fez ganhar o dia." – mollaby38

"Esse é o tipo de atendimento que não apenas fideliza um cliente como faz com que ele volte e diga a outros para ir lá." – Peskie

"Ela parecia tão feliz! Tenho certeza de que ganhou o dia, talvez mesmo a semana. Uma diferença na rotina pode fazer uma grande diferença." – Benny0_o

E não foram apenas Jackie e a Krispy Kreme que chamaram a atenção. As pessoas também fizeram comentários sobre mim:

"A questão é que, se ele correr algum risco e der a cara a bater, não vai ser rejeitado tantas vezes como espera, e há até mesmo a chance de que coisas incríveis aconteçam." – demilitarized_zone

"Acho que o fato de essa mulher querer ajudá-lo deveria acabar com qualquer receio que ele tenha de ser rejeitado." – desconhecido

"Eu definitivamente ficaria amigo de um cara que está disposto a superar seus medos colocando-se em situações engraçadas em que vai ter de encará-los de frente." – MrMiday

O Reddit foi apenas o começo. Na semana seguinte, a história ganhou o mundo. O Yahoo!News postou o vídeo em sua página principal. O Gawker, o MSN.com, o *Huffington Post*, o *Daily Mail* da Grã-Bretanha e o *Times of India* rapidamente fizeram o mesmo. De uma hora para outra, meu vídeo na Krispy Kreme se tornou uma sensação internacional, com milhões de visualizações.

De repente, a Krispy Kreme conseguiu o tipo de publicidade com que os marqueteiros só costumam sonhar. Houve uma avalanche de ligações na sede e na loja de Austin elogiando Jackie Braun. A própria empresa a homenageou com um tweet: "Isso aí, muito bem, Jackie! #heartjackie [#coraçãojackie]". Ficou claro que a história tinha atingido um ponto nevrálgico. E parecia que esse pequeno ato não estava apenas aquecendo corações em todo o mundo. Também poderia vir acompanhado de alguns benefícios financeiros reais. Uma semana depois de o vídeo se tornar viral, o valor das ações da Krispy Kreme saltou de 7,23 dólares para 9,32 dólares. É claro que eu não tenho um modo cientificamente comprovado de atribuir a um único vídeo o aumento de 29% no valor das ações, representando centenas de milhões de dólares. Mas tenho certeza de que mal ele não fez.

No dia em que a história se alastrou, eu estava sentado em uma cafeteria, trabalhando. De repente, meu telefone começou a vibrar feito louco. Amigos e parentes estavam praticamente gritando ao telefone e enchendo minha caixa de entrada com e-mails. Veículos de comunicação como MSNBC, *Steve Harvey Show*, Fox News e emissoras de rádio de que nunca tinha ouvido falar me bombardeavam com pedidos de entrevista. Lotaram minha caixa postal com mensagens de voz pedindo que eu ligasse para elas imediatamente, para que pudessem escrever sobre minha história ou me colocar em seus programas. A *Bloomberg Businessweek* – que por acaso é uma das minhas revistas preferidas – mandou um repórter de Nova York para me entrevistar para uma matéria chamada "O Homem do Não". Isso me fez sentir como se fosse uma espécie de super-herói.

A história também chamou a atenção de Hollywood. Quase de uma hora para outra, produtores de *reality shows* começaram a me lançar ideias sobre como transformar minha história em um programa de TV, no qual eu seria o especialista em rejeição que ajudava outras pessoas a superar seus medos e resolver seus problemas. Um deles me apelidou de "O encantador da rejeição", por causa do *best-seller O encantador de cavalos* e do popular programa de TV de Cesar Millan, *O encantador de cães*. Cheguei inclusive a ser procurado por um ex-executivo de cinema que até já tinha escrito um roteiro vagamente baseado na minha história, no qual eu era um solteiro deprimido que finalmente "se encontra" – e encontra seu verdadeiro amor – depois de 100 dias de rejeição. Não importava que eu fosse bem casado ou que meus 100 dias tivessem apenas começado.

As pessoas começaram a me reconhecer na rua. Um dia estava andando pela calçada quando um motorista diminuiu a velocidade do carro, acenou para mim e gritou: "Adoro seu vídeo!" No dia seguinte, estava comprando ingressos para o cinema com minha esposa quando a mulher na bilheteria começou a me encarar. Ela me perguntou se eu era a pessoa de todos aqueles "vídeos legais", e então perguntou se poderia tirar uma foto comigo. Eu disse que sim – posso ser o "homem do não", mas é melhor dizer "sim" para esse tipo de pedido de uma fã! Entretanto, também me sentia perplexo, não apenas com aquele pedido, mas com tudo que estava acontecendo. Por que esse vídeo mexia com tanta gente?

Esse tipo de situação continuou acontecendo. É difícil para mim, mesmo agora, acreditar que um vídeo que criei como ferramenta para me ajudar a superar meu medo de rejeição – um vídeo sobre donuts feitos sob encomenda – tenha de alguma maneira me colocado direto sob os holofotes, algo que nunca foi minha intenção e, francamente, que nunca quis. Eu tinha imaginado chegar à fama depois de construir a próxima Microsoft ou Google, não porque estivesse tentando lutar contra meu medo de rejeição.

E então a coisa ficou ainda mais estranha.

100 DIAS DE REJEIÇÃO: PEDIR QUE UM APRESENTADOR DE TV CANTE PARA MEU FILHO

Faz tempo que sou um espectador ocasional do programa *Survivor*. Gosto de vê-lo por causa da competição, dos personagens e do bom e velho drama de um *reality show*. Mas, acima de tudo, gosto de Jeff Probst, o apresentador e vencedor de um Emmy, e do modo como ele interage com os participantes em um nível pessoal e solidário. Então, quando o produtor do *Jeff Probst Show* ligou me convidando para ir ao programa, sabia que tinha de dizer "sim".

Duas semanas depois, a CBS me levou até Hollywood. Eles também levaram Jackie Braun, da Krispy Kreme. Tinha visto Jackie algumas vezes desde aquele dia, e sempre ficava impressionado com sua humildade e elegância. No camarim, antes do programa, enquanto os maquiadores nos preparavam para a TV, Jackie e eu conversamos sobre nossa estranha jornada – de uma loja da Krispy Kreme em Austin para a televisão em rede nacional. Desde que o vídeo se tornara viral, centenas de pessoas tinham ido à Krispy Kreme onde Jackie trabalhava para conhecê-la. Ela me agradeceu por ter lhe dado a chance de ser apreciada pelo público, mas também insistiu que o que tinha feito não fora nada de extraordinário, e que muitos de seus colegas teriam feito a mesma coisa.

Os produtores tinham convidado mais uma pessoa para se juntar a nós no palco: Jason Comely, o inventor do jogo da Terapia da Rejeição que havia inspirado a busca dos meus 100 dias de rejeição. Não o conhecia, mas gostei dele no mesmo instante, e desde então somos amigos. Ele disse que meu blog tinha direcionado muito tráfego para seu site e seu negócio. Também confessou que passava por um momento difícil e que estava achando os vídeos e minha história bastante inspiradores.

Nossa entrevista foi depois da de Danica Patrick, a piloto de corrida. Fiquei surpreso, dado meu pavor desmedido de rejeição, por não estar morrendo de medo de aparecer em rede nacional. Talvez fosse porque a única pessoa no mundo por cuja aceitação e reconhecimento eu ansiasse acima de todas as outras estivesse na plateia do estúdio naquele dia. Meu tio – a pessoa que tinha sido meu exemplo na juventude e cujo nome eu dera a meu filho, mas cuja rejeição à minha ideia empreendedora catorze anos atrás tinha me deixado surpreso e inseguro – viera de carro desde San Diego para me ver no programa. Vê-lo na plateia, com um sorriso de encorajamento e radiante de orgulho, me fez sentir o homem mais sortudo do mundo.

Também me deu coragem de testar outro experimento de rejeição – bem ali, ao vivo e na TV. No final do bloco, pedi que Jeff Probst cantasse "Brilha, brilha, estrelinha" para meu filho. Era a música favorita de Brian. Jeff não apenas fez isso, como fez a plateia do estúdio acompanhá-lo. Depois, Jeff apertou minha mão. "Parabéns", ele disse. "O que você está fazendo é fabuloso. Você está realizando algo grande aqui. Continue a inspirar!"

Receber toda aquela atenção da mídia e do público era bastante extraordinário. Porém, se tivesse de escolher um acontecimento como o mais inesperado, seria a resposta ao e-mail que enviei ao meu herói pessoal.

Costumava hesitar bastante em contatar pessoas através de ligações ou e-mails não solicitados porque a chance de ser ignorado ou rejeitado era grande. E a possibilidade de ser ignorado por gente famosa e ocupada era perto de 100%, pelo menos na minha cabeça. Mas a força de meus vídeos me deu coragem de enviar uns poucos e-mails a alguns de meus modelos de conduta profissional. Eu queria desesperadamente receber conselhos sobre como dirigir a minha incipiente *startup*.

Uma das pessoas que contatei por e-mail foi Tony Hsieh, o CEO da Zappos, a popular rede varejista virtual de calçados. Em busca de inspiração, tinha lido várias vezes o livro dele, *Delivering Happiness*, quando trabalhava em meu antigo emprego. O livro fala sobre seu sonho de se tornar empreendedor e conta como o realizou construindo o LinkExchange e, depois, a Zappos, superando todo tipo de obstáculo. Sendo também um empresário asiático, podia entender sua luta e sua ambição, e queria muito causar o mesmo impacto que ele.

É louco o que pode acontecer se você apenas perguntar. Para meu assombro, recebi uma resposta de um dos assistentes de Tony. Acontece que ele tinha ouvido falar da minha história e gostado dos meus vídeos. Queria me convidar para ir até Las Vegas, onde ficava a sede da Zappos, e dar uma palestra como parte de seu Projeto Las Vegas Downtown.

Em 2012, Tony trabalhava na revitalização do centro de Las Vegas, para tirá-lo das sombras da Las Vegas Strip e transformá-lo em um local cultural e tecnológico capaz de rivalizar com Austin e São Francisco. O Projeto Downtown buscava inspirar os comerciantes locais a se verem como parte de um horizonte mais amplo, e ele achava que minha história poderia ajudá-los a pensar mais longe em termos de suas próprias aspirações.

Tony Hsieh, minha inspiração, queria me convidar para inspirar outras pessoas?

Uma semana depois eu estava em Las Vegas, fazendo meu discurso. O evento foi realizado em um teatro temporário formado por *trailers* de construção, projetado para simbolizar a reconstrução da cidade. Las Vegas tinha sido fortemente afetada pela recessão. As residências tinham perdido em geral mais de dois terços de seu valor. Muitas pessoas que tinham se mudado para lá no início, aproveitando o crescimento explosivo da cidade, agora estavam arrasadas com a recessão, e algumas simplesmente tinham ido embora para começar de novo em outro lugar. As que ficaram achavam que a cidade tinha sido rejeitada pelo mundo e lutavam para manter o otimismo com esforços de reconstrução e revitalização.

No palco, falei de meus sonhos e lutas e também de minha jornada de rejeição: a decisão de deixar o emprego para ir atrás de meu sonho de infância, passando pela rejeição do investidor e a experiência mágica que tivera até aquele momento, no meu projeto dos 100 dias. Encorajei a plateia a não desistir, a ir em frente e insistir nos sonhos que cada um tinha para a cidade e para si mesmo, não importando o que os outros pudessem pensar deles.

Depois da palestra, a plateia me aplaudiu de pé – a primeira vez que isso me aconteceu na vida. Fiquei totalmente estupefato. Mais surreal ainda foi as pessoas me cercarem depois, apertando minha mão e agradecendo por eu ter compartilhado minha história, como se estivesse fazendo um grande favor a elas ao tentar resolver meu próprio medo.

Quando a multidão começou a diminuir, Tony Hsieh bateu em meu ombro e me convidou para ir até seu escritório para uma reunião particular.

A história e as conquistas de Tony haviam feito dele um super-herói para candidatos a empreendedor como eu, então me sentar em seu escritório foi uma experiência idílica. Não ficaria mais surpreso se ele pusesse a armadura do Homem de Ferro e me levasse para passear. Depois de algumas trivialidades, Tony foi direto ao ponto. Olhou firme nos meus olhos e perguntou: "Você gostaria de se mudar para Las Vegas e trabalhar para mim?"

No voo de volta de Las Vegas para Austin, vi pela janela as luzes da Las Vegas Strip diminuírem aos poucos na distância e então desaparecerem. As luzes foram substituídas pela escuridão total; o único som era o zumbido constante do motor do avião.

Poucas horas antes, Tony Hsieh tinha me oferecido um emprego, ou, na verdade, feito uma proposta profissional. Se eu me mudasse para Las Vegas, ele criaria um novo negócio e me contrataria para trabalhar como palestrante. Eu viajaria o país ministrando palestras inspiracionais em conferências e empresas.

Então Tony Hsieh quer me contratar por um talento que eu nunca soube que tinha até hoje: falar em público.

A vontade de dizer "sim" a qualquer coisa que esse homem me pedisse era tão forte que quase concordei na hora. Mas me mudar para Las Vegas e abandonar a empresa que eu tinha acabado de criar era uma decisão que envolvia mais pessoas. Então, pedi um tempo para estudar a oferta.

Sentado no avião, tive de me perguntar: *O que acabou de acontecer?* No intervalo de apenas um mês eu tinha sido rejeitado por um investidor, pedido donuts customizados, fora transformado em personagem de matérias em jornais, revistas e programas de alta audiência em rede nacional, e enfim me sentara diante de Tony Hsieh, no escritório dele. E ele tinha tentado *me* convencer a trabalhar para *ele* em uma plataforma nacional.

Será que esse era outro sonho, como os que tivera antes de o investidor me rejeitar? Se era, não sabia se queria continuar sonhando ou acordar.

Mas não era um sonho. E eu tinha escolhas a fazer. Deveria me tornar o "Encantador da rejeição" em meu próprio *reality show*? Fazer

Experimentando a fama   57

o papel do cara deprimido que encontra o verdadeiro amor através da terapia da rejeição em um filme de Hollywood? Trabalhar para meu ídolo, Tony Hsieh? Ou voltar a fazer o que estava fazendo: dirigir uma *startup* de tecnologia em seu difícil começo enquanto posto vídeos sobre rejeição em um blog?

Por mais que curtisse minha equipe na *startup* e o aplicativo que estávamos criando, deixar totalmente de lado o que tinha acabado de ficar disponível para mim e retomar minha rotina parecia um pouco insensato, se não louco. Nem todo mundo consegue seus 15 minutos de fama, e os meus tinham sido bem espetaculares. Se quisesse capitalizar as novas oportunidades que minha "fama-relâmpago" tinha aberto, então precisava descobrir qual desses novos rumos de carreira seria o mais significativo no longo prazo. Talvez fosse uma combinação de todos eles.

Quanto ao convite de Hsieh, não parecia certo voltar a trabalhar para alguém em uma empresa. Meu objetivo de vida sempre foi causar um impacto positivo no mundo. Fama e celebridade nunca foram meus principais motivos. Então, a ideia de seguir essa rota ofuscante me deixava desconfortável.

Além disso, não me sentia pronto para ela. Basicamente, eu era um cara com uma história legal, e acabara de saber que conseguia contá-la bem. Minha jornada de rejeição mal começara e eu já estava sendo visto como algum tipo de especialista. Era como se tivesse planejado escalar o Monte Everest e apenas tivesse montado meu acampamento na base, e o mundo já estivesse tentando me tirar de lá por helicóptero e me aclamar como um grande aventureiro. Só que eu ainda ansiava por descobrir o restante da montanha.

Por outro lado, se eu não aproveitasse todas essas oportunidades agora, será que elas ainda estariam ali quando eu estivesse pronto para elas?

Pensar nisso tudo estava me dando dor de cabeça. Para me distrair, abri o laptop e a caixa de e-mail. Havia mais de mil mensagens não lidas. Desde que o vídeo dos donuts tinha se tornado viral, minha caixa de entrada vivia lotada de "e-mails de fãs", de gente do mundo todo. Alguns eram leves e divertidos, escritos por pessoas que tinham achado meus vídeos bem engraçados. Mas muitos – a maioria, na verdade – vinham de pessoas que haviam levado os vídeos bastante a sério, usando-os para ganhar coragem e enfrentar seus próprios medos de rejeição.

Como este e-mail de Mike:

Venho seguindo sua terapia de 100 dias de rejeição quase desde o início, quando minha filha me enviou o link. Sua jornada me provocou muitos sorrisos, risadas e me deu forças. É por essa força a mais para enfrentar minhas atividades cotidianas que queria lhe agradecer. Durante toda minha vida sempre achei difícil me aproximar das pessoas e pedir as coisas mais simples, mesmo para quem normalmente está ali para ajudar, como balconistas, garçons etc. Às vezes enviava meus filhos para pedir ketchup no McDonald's porque a mera ideia de fazer isso me embrulhava o estômago...

Essa força recém-descoberta chegou em um momento muito crucial em minha vida. Em maio do ano passado, minha esposa foi diagnosticada com câncer, e depois de oito meses de visitas ao médico e ao hospital chegaram ao diagnóstico de um câncer em estágio terminal. Aprendemos muito sobre o funcionamento real do sistema de saúde, tanto as coisas boas como as ruins, e isso tudo obriga a gente a falar com muitas pessoas e fazer muitas perguntas. Todas as vezes que sentia medo de fazer perguntas sobre nossa jornada com esse câncer, pensava em você e encontrava forças para seguir em frente e fazer o que tinha de ser feito. Agradeço por você fazer essa jornada e por nos deixar conhecê-la e ganhar forças com o que você faz.

E este, de Regina:

Sou atriz, trabalho em Nova York e na Filadélfia, e realmente acho esse projeto fascinante porque, como atriz, enfrentamos mais rejeição em nosso trabalho do que a maioria das pessoas. Todo teste é como outra entrevista de emprego, e o maior medo é não conseguir aquele trabalho ou ser rejeitado porque outra pessoa é "melhor". É muito fácil ficar desanimada e abalada. E, em situações normais do dia a dia, pedir as coisas mais simples pode me fazer suar em bicas. Enquanto assistia a alguns de seus vídeos no YouTube, eu acabava me contorcendo junto com você por ter de abordar pessoas e fazer um simples pedido.

Nas situações cotidianas, as cenas criadas pela minha imaginação são muito piores do que acho que a maioria dos desfechos seria na realidade. Será que vão gritar comigo ou me ridicularizar ou me chamar de idiota ou me expulsar do estabelecimento? Em um teste, será que o diretor de elenco vai me interromper no meio da apresentação e dizer que não tenho nenhum talento e que a escola que me deu o diploma de atriz não deveria ter feito isso? Giram na minha cabeça todas essas ideias malucas sobre possíveis resultados. E é esse medo de ser rejeitada que pode paralisar as pessoas e impedi-las de realmente viver [...]

Mal posso esperar para ver as outras aventuras que você terá. Acho que você está aprendendo um bocado sobre rejeição, mas, o que é mais importante, também sobre como as pessoas podem ser generosas e sobre a beleza do espírito humano. Sei que estou aprendendo muito com seu projeto e aprendendo a continuar otimista. Boa sorte!

Uma coisa é receber uma ou outra mensagem como essa. Mas eu vinha recebendo centenas delas, todas de pessoas que pareciam tão envolvidas em minha jornada de rejeição quanto eu. Sentia-me mortificado por suas histórias e honrado em ajudá-las a enfrentar seus medos de alguma maneira. Mas também me sentia maravilhado: eu estava realmente influenciando a vida de pessoas que não conhecia apenas ao fazer o que estava fazendo?

A mídia tinha me procurado por causa do valor de entretenimento que eu poderia oferecer. "Rapaz busca rejeição, mas recebe em troca donuts olímpicos" era a matéria perfeita para o noticiário diário. Mas os e-mails que estava recebendo de gente comum – gente como eu – eram diferentes. Para essas pessoas, minha jornada não era entretenimento.

Era quase como se me vissem como seu representante em algum tipo de luta e tivessem apostado no meu sucesso.

Sempre enxerguei meu medo de rejeição como uma espécie de doença rara, como a dracunculíase, que inflige dores terríveis mas afeta apenas um pequeno segmento da população. Achava que era simplesmente azarado, ou que minha timidez natural, o fato de ter sido criado por uma família superprotetora ou de ter vindo de um país estrangeiro com uma cultura reservada eram, de alguma forma, responsáveis pelo meu medo. Até que todos esses e-mails e comentários começassem a chegar, nunca tinha pensado de verdade no medo de rejeição *das outras pessoas*. Mas, quanto mais gente me falava que se identificava com minha experiência, mais eu percebia que o medo da rejeição não era de jeito nenhum uma doença rara. Era uma condição humana normal.

Sabia, por experiência própria, que esse medo pode ter consequências enormes e debilitantes. Agora, eu ouvia falar de pessoas que, como eu, viam a rejeição como algo tão doloroso, pessoal e negativo que elas preferiam não pedir coisas; preferiam se adequar à norma e não assumir riscos apenas para evitar a possibilidade da rejeição. Como eu, tinham passado a maior parte da vida rejeitando a si mesmas antes que outros pudessem ter essa chance. Por causa disso, tinham histórias de partir o coração sobre ambições não realizadas, oportunidades de trabalho perdidas, amores que nunca aconteceram – e invenções que nunca foram concretizadas ou que o foram, mas por outra pessoa. A pior parte é que os "e se..." que permanecem na cabeça delas foram frequentemente causados por elas mesmas, porque nem mesmo perguntaram ou nem mesmo tentaram.

Certa vez li uma autobiografia muito envolvente intitulada *Antes de partir*, escrita por uma enfermeira australiana chamada Bronnie Ware. Ela havia entrevistado dezenas de pacientes hospitalizados em estágio terminal e perguntado a eles qual era seu maior arrependimento. A resposta mais frequente que recebeu foi: "Queria ter tido a coragem de viver uma vida fiel a mim, não a vida que os outros esperavam de mim".

E se todos nós tivéssemos essa coragem? E se as pessoas não se sentissem tão tolhidas por seu medo de rejeição? E se a rejeição não parecesse tão vergonhosa e pessoal, mas se tornasse mais passível de discussão? E se não pudéssemos apenas falar sobre ela, mas descobrir uma maneira de dominá-la?

Se uma pessoa que teme a rejeição subitamente deixasse de sentir esse receio, do que ela seria capaz? Ela não seria melhor em *tudo* o que fizesse? Se fosse artista ou músico e não temesse o modo como as pessoas recebem sua obra, não seria capaz de buscar mais fundo em sua alma e criar peças que refletissem verdadeiramente quem é? Se fosse um vendedor, não seria capaz de explorar mais perspectivas, buscar mais clientes, sem ficar desencorajado depois de alguns "nãos"? Se fosse um pai ou uma mãe, não seria capaz de criar os filhos baseando--se em seus princípios em vez de lhes dar o que eles querem? Uma empresa ou uma organização sem fins lucrativos que não ficasse tão preocupada com a reação dos acionistas não teria a coragem de inovar com novos produtos e serviços que poderiam tornar o mundo um lugar melhor?

A vida inteira eu quis ser empreendedor. Queria inventar algo que milhões de pessoas achassem útil. No entanto, ao enfrentar de peito aberto uma de minhas necessidades, tinha por acaso topado com uma necessidade tão grande que era compartilhada pela maioria dos habitantes do planeta.

O empreendedor Paul Graham, fundador da Y Combinator, a famosa aceleradora de *startups*, certa vez escreveu: "O modo de ter ideias para uma *startup* é não tentar pensar em ideias para uma *startup*. É procurar problemas; de preferência, problemas que você mesmo tenha". Todo esse tempo eu tinha me concentrado em lançar um aplicativo baseado em uma ideia bacana. Mas, agora, via bem mais sentido em ajudar as pessoas a superarem seu medo de rejeição. Não sabia exatamente como seria isso – ou o que significaria para o meu próprio futuro –, mas o restante de meus 100 dias de rejeição seria o laboratório perfeito para experimentar um novo tipo de invenção: um modo de superar o temor da rejeição.

Ao ler os e-mails de Mike, Regina e outros, enxerguei minha fama--relâmpago com mais objetividade. Quando o avião pousou no Aeroporto Internacional de Austin-Bergstrom, corri pelo corredor, ansioso para encontrar minha família e lhes contar sobre a minha decisão. Saí da aeronave e entrei na ponte de desembarque, sentindo o vento frio; foi a mesma sensação que tive no primeiro dia na faculdade, quando atravessei o vasto campo de neve virgem. As circunstâncias tinham acabado de me presentear com uma das maiores oportunidades da minha vida. Tudo parecia novo. Tudo parecia possível.

4

Lutando contra a evolução

Não foi fácil tomar a decisão de parar de criar meu aplicativo e mudar totalmente de direção, principalmente considerando tudo de que tinha desistido para tocar aquele projeto e como valorizava minha equipe. Mas quando lhes dei a notícia eles foram incrivelmente solidários. Assim como eu, tinham ficado surpresos com toda a publicidade e atenção que meu blog recebera, e concordavam que agora eu estava diante de um empreendimento ainda mais significativo. Achavam que haviam contribuído com ele de alguma forma e se orgulhavam disso. Combinamos que, se um dia eu criasse uma tecnologia relacionada ao "problema da rejeição", voltaríamos a trabalhar juntos.

Mas agora eu tinha um novo emprego: enfrentar a rejeição em tempo integral.

Logo ficou claro para mim que, se eu realmente ia enfrentar a rejeição em nome de todos, então precisava suplementar meus experimentos de rejeição com a velha e boa pesquisa e aprender o máximo possível sobre o tema. Queria estudar esse Golias do mesmo jeito que uma equipe esportiva analisa seu adversário; seria equivalente a ver vídeos do time rival em ação, ler os relatórios dos olheiros e treinar o máximo que pudesse antes de entrar em campo.

Minhas primeiras buscas na internet não encontraram quase nada de útil. A maioria dos links era de citações inspiradoras e discursos superficiais de técnicos em venda e autoproclamados gurus de auto-ajuda. Diferentemente de tópicos como sucesso, carisma, liderança, negociação e até mesmo fracasso, não consegui achar praticamente nada que ajudasse a explicar o tema da rejeição e sua relação com a vida cotidiana. Em vez disso, o que encontrei foi um monte de conselhos que, basicamente, resumiam-se a isto:

1. A rejeição acontece.
2. Não leve para o lado pessoal.
3. Fique firme e siga em frente.

Bom, claro, seria ótimo se todo mundo pudesse agir assim. A visão comum sobre como lidar com a rejeição é impressionantemente simplista. Apesar de tão predominante, e de todas as suas angustiantes consequências, a rejeição é tratada como um caso de ocorrência única ou como uma inconveniência temporária – mais como a mordida de um inseto ou um pneu furado do que como uma experiência que pode destruir para sempre a capacidade de uma pessoa de assumir riscos. É como se o assunto fosse tão simples que não houvesse necessidade de entender mais nada. Não conseguiu o emprego ou a promoção? Não conseguiu fazer a venda? Acharam sua ideia idiota? A mulher que você ama rejeitou seu pedido de casamento? Não leve para o lado pessoal! Levante, sacuda a poeira e dê a volta por cima!

Porém, se lidar com a rejeição fosse tão simples assim, por que uma tabulação das palavras-chave de busca do Google, gerada por bilhões de usuários, mostraria que as pessoas colocam a rejeição no primeiro lugar de sua lista de maiores medos, acima inclusive de dor, solidão e doença? Por que as pessoas se sentiriam obrigadas a viver de acordo com a expectativa dos outros enquanto ignoram as próprias expectativas, tornando o fracasso em realizar seus sonhos um de seus maiores arrependimentos? Por que eu enterraria os planos da invenção do sapato de rodinhas no fundo da gaveta quando meu tio fez pouco caso da ideia, só para depois testemunhar o alucinante sucesso da Heelys?

Eu era fraco? Não achava que fosse. Tinha me mudado sozinho para outro país quando ainda era adolescente, sem conhecer ninguém nem falar inglês. Tive de superar todo tipo de obstáculo para aprender outra língua e me familiarizar com uma nova cultura. Dei muito duro para chegar onde cheguei, contra tudo e contra todos. Provavelmente, se fosse fraco teria voltado para a China anos atrás, engavetando meu sonho de viver e trabalhar na América.

As milhares de pessoas que me escreviam de todo o mundo expressando quanto temiam a rejeição também não podiam ser descritas como fracas. Experimentar uma rejeição terrível, como a de perder o emprego de décadas, ser preterido em uma promoção ou ver o cônjuge pressionando por um divórcio quando não se quer desistir do casamento, pode mudar uma vida. Para quem está nessas situações, dizer "não leve para o lado pessoal" é ao mesmo tempo um insulto e um conselho ridículo. Mas por que ela nos incomoda tanto? Quanto mais pensava sobre isso, mais entendia que tinha, na verdade, três perguntas urgentes: por que não falamos mais sobre rejeição? Por que a rejeição é tão dolorosa? Por que tememos tanto a rejeição?

Tinha de haver mais a respeito disso do que diziam minhas pesquisas. Supondo que deveria haver melhores conselhos e sabedoria em algum lugar, continuei procurando respostas. Pesquisei obsessivamente áreas como psicologia, negócios, história, sociologia, autoajuda e economia comportamental atrás de qualquer esclarecimento que pudesse encontrar. Depois de algumas semanas, com altas pilhas de livros em minha escrivaninha e artigos do Google News Alerts sobre o tema "rejeição" lotando minha caixa postal, tinha feito toneladas de anotações e começava a me sentir um professor na escola da rejeição.

Rejeição *versus* fracasso

Talvez o maior motivo de as pessoas não falarem mais sobre rejeição é porque preferem discutir a respeito de seu primo conceitual e mais fácil de lidar: o fracasso. Por várias vezes eu começava a ler sobre rejeição e logo o texto derivava para uma discussão sobre fracasso. Mas rejeição e fracasso não são a mesma coisa. Quando fracassamos em algo, como um negócio ou uma carreira, é uma situação infeliz, mas compreensível e frequentemente tolerável, porque pode se dever a vários fatores. É fácil sugerir razões que expliquem por que algo fracassou, sejam elas lógicas ou simples desculpas. Se você fracassou ao abrir um negócio, pode justificar dizendo que a ideia estava à frente de seu tempo, que o mercado ou a economia não favoreceram o sucesso, que o projeto não foi bem executado.

Mesmo que tenha sido por *sua* causa, há várias maneiras de transformar o fracasso em algo positivo. Você pode dizer "eu simplesmente não era bom nisso", prometer melhorar ou se lembrar das milhares de outras coisas nas quais é incrível. Você pode dizer "cometi alguns erros" – porque, afinal, quem não comete? Você pode dizer "aprendi muito" e sair se sentindo realmente melhor, mais experiente e mais sábio do que antes de ter fracassado. No Vale do Silício, empreendedores às vezes chegam a usar seus fracassos como distintivos de honra. Todo o movimento das *startups* foi instigado pelo conceito de fracassar rápido e aprender com esses fracassos, para então desenvolver produtos.

Na verdade, empreendedores *adoram* contar e ouvir histórias de fracasso, porque as decepções geralmente são degraus para o sucesso. Celebridades na área dos negócios, como Donald Trump, se vangloriam de ter fracassado muito antes de se tornarem os magnatas que são hoje. Vemos atletas e equipes esportivas fracassarem em uma semana ou uma temporada e triunfarem na próxima. O fracasso quase que se tornou um pré-requisito para o sucesso. Em alguns casos, pode ser tão bacana quanto ter credibilidade.

A rejeição, por outro lado, não é bacana. Envolve outra pessoa nos dizendo "não", geralmente em favor de uma terceira, e geralmente frente a frente. A rejeição significa que queríamos que alguém acreditasse em nós, mas não acreditaram; que queríamos que alguém gostasse de nós, mas não gostaram; que os outros vissem o que vimos e pensassem como pensamos – mas, em vez disso, discordaram e julgaram inferior nossa maneira de ver o mundo. Para muitos de nós, isso é profundamente pessoal. Não parece apenas uma rejeição ao nosso pedido, mas também ao nosso caráter, à nossa aparência, capacidade, inteligência, personalidade, cultura ou crenças. Mesmo que a pessoa que rejeita nosso pedido não queira que aquele "não" soe como algo pessoal, ele será pessoal. A rejeição é uma troca inerentemente desigual entre quem rejeita e quem é rejeitado – e afeta este muito mais do que aquele.

Quando sofremos rejeição, não podemos culpar facilmente a economia, o mercado ou a outra pessoa. Se não conseguimos lidar com ela de maneira saudável, só nos restam duas escolhas prejudiciais: quando acreditamos que merecemos a rejeição, culpamos a nós mesmos e nos enchemos de sentimentos de vergonha e incompetência; quando acreditamos que a rejeição é injusta ou imerecida, culpamos o outro e nos consumimos de raiva e desejos de vingança.

Kevin Carlsmith, doutor em psicologia social pela Universidade Colgate, realizou experimentos de laboratório nos quais os participantes passavam por algum tipo de injustiça. Alguns deles tinham a chance de se vingar de seus malfeitores, e outros não. Depois, Carlsmith fez o levantamento dos sentimentos dos participantes. Todos que tiveram a chance de se vingar o fizeram. Mas todos no grupo de vingança acabaram se sentindo pior do que as pessoas que não tiveram essa oportunidade. O interessante é que, do grupo que não pôde se vingar, todos acreditavam que teriam se sentido melhor se tivessem tido a chance de dar o troco a seus malfeitores.

Em outras palavras, as pessoas naturalmente querem vingança depois de serem rejeitadas, talvez achando que se sentiriam melhor ao mostrar como quem as rejeitou estava errado. No entanto, não funciona assim, e as que se vingam acabam se sentindo pior quando o fazem. Essa é apenas uma pequena janela de observação sobre a natureza humana em um ambiente seguro de laboratório. Mas, na vida real, somos inundados por incidentes infelizes e mesmo trágicos, como tiroteios em escolas e ataques com ácido, tudo pelo desejo de vingança após uma rejeição.

A DOR DA REJEIÇÃO

Alguns anos atrás, eu e minha esposa, Tracy, fizemos uma viagem de outono à Itália. Tínhamos planejado isso durante anos, e deveriam ser as férias dos nossos sonhos. Em vez disso, em apenas dois dias a viagem se tornou as piores férias que poderíamos ter imaginado.

Primeiro, nos deram uma orientação errada para chegar ao Coliseu e ficamos totalmente perdidos. Por causa desse erro, não conseguimos pegar nosso ônibus para visitar o interior do país e tivemos de abandonar a excursão idílica que havíamos planejado meticulosamente. Logo depois, um ladrão roubou nossa câmera – e, com ela, todas as fotos da viagem. Era como se a Itália tivesse realizado uma conferência nacional antes de nossa chegada para que os participantes planejassem como arruinar nossas férias.

Já era depois do entardecer, e voltávamos para o hotel exaustos e com um péssimo humor. De repente, Tracy se inclinou para a frente e começou a se contorcer. Havia anos ela vinha sofrendo crises agudas de dor no estômago. A que ela estava tendo naquele momento, no meio da rua na Itália, era tão terrível que ela sentia como se estivesse sendo esfaqueada. Não tínhamos nenhum remédio conosco e precisávamos comprar alguma coisa, o mais rápido possível. Mas não sabíamos onde achar uma farmácia e não falávamos italiano.

Eram 20h50, e a maioria das lojas em Roma fecha às 21h. Corremos para uma banca de revistas próxima. Felizmente, estava aberta.

Esperávamos que a pessoa que trabalhasse ali pudesse nos dizer como chegar a uma loja de conveniência, supermercado ou farmácia.

Tracy se aproximou do balcão do jornaleiro e disse: "Olá! Você sabe onde podemos encontrar..."

A mulher atrás da janelinha olhou para nós e disse "não" antes que Tracy pudesse terminar a frase. Então se levantou, desceu o vidro fechando a janela, virou de costas para nós e começou a juntar seus pertences. Ela fechou a banca dez minutos antes só para não ter o incômodo de falar conosco.

Fiquei furioso. Como aquela mulher podia tratar Tracy daquela maneira? Ela não via que minha esposa estava com dor e que precisava de ajuda? Será que foi porque éramos turistas que não falavam italiano? Violamos de alguma forma uma regra local fazendo perguntas? Tínhamos de comprar alguma coisa para falar com ela?

O dia inteiro de frustrações explodiu naquele momento.

"Ei!", berrei para a janela fechada, com o punho no ar, tentando controlar minha vontade de esmurrar o vidro. Naquele momento, tudo o que queria era dar uma lição de cortesia e respeito para a mulher, esquecendo que eu mesmo estava prestes a ignorar essas duas coisas. De repente, senti a mão de Tracy no meu braço, me puxando. Quando me virei e olhei para ela, vi lágrimas escorrendo por seu rosto.

Tracy raramente chora, então entendi que a dor de estômago devia estar de fato insuportável. Minha raiva foi instantaneamente substituída por preocupação. Tínhamos exatamente oito minutos antes de tudo fechar. Não havia tempo para submeter a mulher da banca de revistas a um sermão cheio de palavrões a respeito da solidariedade. Então, seguimos em frente. Felizmente havia uma loja de conveniência ali perto, e logo encontramos o remédio de que Tracy precisava.

Mais tarde, naquela noite, Tracy me disse que tinha chorado não por causa da dor de estômago, mas pela maneira como a mulher a havia tratado. Ela se sentiu revoltada e magoada por ter sido grosseiramente repelida e rejeitada sem nenhum motivo óbvio. Ouvir isso de certa forma me deixou aliviado. Foi bom não ter entendido na hora a verdadeira causa de suas lágrimas, senão poderia ter feito ou dito algo de que me arrependeria depois.

Nossas férias melhoraram nos dias seguintes. Conhecemos muitas pessoas simpáticas, fizemos passeios românticos por Florença e Veneza e nos fartamos com a deliciosa culinária italiana. Mas falamos com menos pessoas do que costumávamos falar e não perguntamos o caminho para mais ninguém.

Como é que uma única rejeição grosseira de uma pessoa que eu e minha esposa nunca havíamos visto, e nunca veríamos de novo, tinha tanto impacto em nossas emoções? A mulher da banca de revistas não tinha provocado nenhum dano físico a Tracy; no entanto, a rejeição a machucara mais do que sua dor de estômago. Na verdade, o motivo para isso é biológico.

Quando o ser humano sente dor física, o cérebro libera em nosso organismo substâncias químicas analgésicas chamadas opioides, a fim de diminuir a dor e nos ajudar a suportá-la. Recentemente, pesquisadores da Faculdade de Medicina da Universidade de Michigan questionaram se o cérebro humano poderia liberar opioides também depois de rejeições sociais, e realizaram um estudo para descobrir isso.

Nessa pesquisa, mostraram aos participantes fotos e perfis fictícios de centenas de candidatos potenciais a uma relação amorosa, e então lhes pediram que escolhessem com quais gostariam de se encontrar. Depois, usaram um escâner para monitorar a atividade cerebral dos participantes quando lhes contavam que as pessoas que haviam escolhido *não* estavam interessadas neles. Assim, ao vivenciar a rejeição, o cérebro dos participantes imediatamente começou a liberar opioides, exatamente como aconteceria no caso de um trauma físico. O mais interessante ainda foi que os participantes foram informados antes do início da pesquisa que os perfis – e as "rejeições" – eram falsos.

Inacreditavelmente, isso não importou para o cérebro dessas pessoas, que liberou opioides mesmo assim.

Esse é mais um motivo que explica por que dizer simplesmente "não leve para o lado pessoal" é um conselho inútil para alguém que está se sentindo rejeitado. O proverbial "tapa na cara" que sentimos ao sermos rejeitados não é tão proverbial assim. Não é de admirar que Tracy e eu tenhamos nos sentido tão magoados com aquela italiana naquela noite. Se ela nos tivesse lançado um tijolo pela janela da banca de revistas, o efeito teria sido mais ou menos o mesmo, pelo menos do ponto de vista do nosso cérebro.

O MEDO DA REJEIÇÃO

Se a dor da rejeição é de fato uma experiência química cerebral, não surpreende que tenhamos um medo visceral dela. É esse pavor que nos impede de fazer uma simples pergunta, para início de conversa, e que às vezes nos cobre de suor quando reunimos coragem para isso. A simples lembrança de uma experiência desse tipo de medo pode fazer uma pessoa lutar com afinco para nunca mais voltar a enfrentar um momento de vulnerabilidade.

Já que a dor da rejeição é equivalente à dor física, pelo menos em nosso cérebro, faz ainda mais sentido as pessoas colocarem a rejeição em primeiro lugar em sua lista de medos. Afinal, quem não fica nervoso com o risco de ser esbofeteado? Mas, na verdade, muitos de nossos medos – inclusive o da rejeição – têm raízes na evolução.

Entre todas as pesquisas que li sobre o medo e a dor associados à rejeição, as mais interessantes foram as que mostraram que as fobias costumam ter uma base pragmática, para não dizer de salva-vidas. Inúmeros estudos mostram que, quando se trata de evitar objetos ou experiências que instintivamente julgamos ser perigosos, nosso tempo de reação é bem mais curto do que quando deparamos com objetos ou experiências inofensivos. Em outras palavras, se você dá de cara com uma aranha de aspecto letal, vai sair correndo muito mais depressa do que se estivesse tentando fugir de um esquilo, por exemplo.

Os pesquisadores concluíram que, ao longo da evolução, os mamíferos desenvolveram um medo e um alerta inatos a esses perigos a fim de evitá-los e escapar deles mais rápido. O medo, então, é necessário para nossa sobrevivência – ou, pelo menos, o era quando vivíamos na selva. Sem o medo de cobras haveria muito mais mordidas fatais; sem o medo de lugares fechados muitos de nós seríamos encontrados, anos depois, entalados em canos e lugares apertados.

Com o medo da rejeição é a mesma coisa. Quando caçávamos mastodontes gigantes e vivíamos em cavernas, nossa sobrevivência dependia de permanecermos juntos e trabalharmos em grupo. Ser rejeitado ou isolado por nossos pares, por qualquer razão, nos faria enfrentar, sozinhos, leões e lobos. Nessa situação, a rejeição social podia equivaler à morte. Faz sentido, portanto, que uma parte desse instinto ainda hoje exista em nosso DNA; assim, ser rejeitado pode às vezes parecer um destino pior do que a morte.

Descobrir tudo isso certamente me fez sentir melhor em relação a meu próprio pavor da rejeição: meus instintos estavam apenas tentando me manter vivo! Mas, da última vez que cheguei, não havia mastodontes passeando pelo centro de Austin, e uma rejeição social não iria literalmente me deixar abandonado no meio da floresta nem me obrigar a enfrentar sozinho alguma fera. O medo da rejeição pode ter salvado muitos de nossos ancestrais de serem expulsos de seus grupos sociais, mas em geral não faz mais sentido em nossa vida moderna. Na verdade, é mais um fardo do que uma medida de segurança. Se a rejeição fosse um órgão, seria um apêndice em vez de um coração. No entanto, seu efeito é muito mais prejudicial do que uma possível apendicite, porque a consequência de não tentar novas coisas devido ao medo da rejeição não pode ser curada com uma ida ao pronto-socorro.

No meu caso, o medo da rejeição havia silenciosamente me impedido, por mais de uma década, de dar um passo em direção ao empreendedorismo. Fico imaginando o que esse medo deve ter feito a milhões de outras pessoas. A lista de arrependimentos deve ser enorme e de partir o coração. Quantas ideias excitantes, interessantes, que poderiam mudar muitas vidas, deixaram de ser levadas adiante porque as pessoas tinham medo de ser expulsas do bando?

100 DIAS DE REJEIÇÃO: ANUNCIAR OS PROCEDIMENTOS DE SEGURANÇA EM UM AVIÃO

> *"Há os que olham para as coisas do jeito que são, e perguntam por quê...*
> *Eu sonho coisas que nunca foram, e pergunto por que não."*
> – ROBERT KENNEDY

Enquanto meu projeto dos 100 dias de rejeição seguia em frente, essa citação se tornou meu mantra. Eu a usava para neutralizar o instinto de me afastar dos desafios. Perguntava-me o tempo todo: "Por que não?", e percebia que, frequentemente, não havia um motivo lógico para *não* fazer – ou pelo menos tentar fazer – a maioria das ideias que me ocorria. Um dia pedi aos funcionários de um restaurante que cantassem para mim "Parabéns a você", embora não fosse meu aniversário. Eles cantaram! Em outra ocasião, perguntei à Humane Society[3] da região se poderia pegar ou alugar um cachorro por um dia, prometendo que faria tudo para que o animal se divertisse. Disseram "não". Outra vez perguntei a um integrante do Exército da Salvação se poderia tocar o sino em seu lugar. Ele não apenas disse que sim, como também nos divertimos fazendo isso.

Mas um de meus pedidos "por que não" realmente se destacou. Eu estava no aeroporto de Austin, correndo do estacionamento até o terminal

---

3. A Humane Society é uma organização de proteção aos animais. [N. T.]

Lutando contra a evolução   75

para pegar o voo, quando tive uma ideia. Geralmente não presto atenção quando os comissários anunciam os procedimentos de segurança antes da decolagem, e aproveito esse tempo para enviar mensagens de última hora no celular ou me acomodar no assento. E se eu me encarregasse dessa tarefa e pedisse aos comissários daquele voo que me deixassem ler os procedimentos de segurança no lugar deles? Eu voava pela Southwest, minha companhia aérea preferida, conhecida por sua cultura peculiar e seu foco no consumidor. Se me deixassem fazer isso, com certeza os passageiros prestariam mais atenção. Que mal faria perguntar?

Ainda assim, eu estava nervoso. Enquanto esperava para embarcar, me concentrei, respirei fundo e me aproximei de um dos comissários. O nome dele era Jeff.

"Você acha que eu poderia anunciar os procedimentos de segurança para vocês?", perguntei, mencionando que era um passageiro frequente.

Por algum motivo, Jeff não pareceu surpreso com o pedido. Ele explicou que, por lei, todos os passageiros precisavam estar sentados, com os cintos de segurança afivelados, enquanto os procedimentos de segurança eram anunciados. Por isso, infelizmente, já que eu era um passageiro, não poderia fazer o anúncio.

Então, Jeff me surpreendeu: "Mas você pode dar as boas-vindas, se quiser".

Fiquei olhando para ele por um momento, chocado com a oferta. "Claro", respondi. "Vou dar as boas-vindas. Legal."

Na verdade, a proposta de Jeff era melhor do que o meu pedido porque me dava a liberdade de dizer o que quisesse sem ter de ler ou decorar uma mensagem escrita. Mas agora tinha um problema diferente. Teria de fazer um discurso espontâneo e aleatório na frente de 130 passageiros. Podia sentir o suor se formando na palma das mãos enquanto passava do sentimento de triunfo para o de terror.

Depois que Jeff fez o anúncio habitual sobre cintos de segurança, saídas de emergência e lavatórios, ele me fez um sinal para que eu fosse até a frente do avião. Fui andando pelo corredor com alguma dificuldade, fileira após fileira, até ele. O caminho parecia não ter fim. Fiz o que pude para bloquear a imagem mental dos outros passageiros me vaiando ou rindo de mim, mas não consegui. Quando cheguei lá na frente, eu era um caos emocional, com o coração quase saindo pela boca, o estômago embrulhado e os joelhos tremendo.

Então Jeff me estendeu o microfone e disse para eu falar o que quisesse, como se estivesse 100% confiante de que nada poderia dar errado. Eu estava bem menos confiante; naquele momento, meu medo realmente parecia profundamente biológico. Quase podia ouvir meu DNA sussurrando: *Pare! Você está fora de controle. Ninguém quer ouvir você. Você está fazendo papel de bobo. As pessoas vão rejeitá-lo! Alguém vai achar que você é um terrorista e vai atacá-lo! Você está em perigo!* Peguei o microfone de Jeff mesmo assim, apertei o botão para ligá-lo e comecei a falar.

"Olá a todos, bem-vindos a bordo!", disse, na minha melhor imitação de comissário. A maioria das pessoas olhava para o próprio telefone, lia revistas ou conversava. Ninguém prestava atenção. "Não sou membro da tripulação", acrescentei. Imediatamente, todos levantaram a cabeça e olharam para mim. Senti centenas de olhos sobre mim. Meu nervosismo começou a se transformar em pânico.

"Sou apenas um fã desta empresa", continuei, aumentando a velocidade do discurso e tentando não deixar a voz tremer. "Sou um cliente como vocês. Só quero dizer que eles sempre cumprem o horário, são sempre simpáticos e sempre incríveis! Então, se vocês forem como eu, vamos dar uma salva de palmas à Southwest!"

Incrivelmente, todos começaram a aplaudir como pedi. Enquanto voltava à minha poltrona, outro comissário apontou para mim e disse: "Você vai ganhar um drinque, cara!" Um passageiro comentou: "Uau... que corajoso!"

Você não faz ideia, pensei, enquanto me sentava, tremendo e coberto de suor. Tenho certeza de que lutar contra leões com um pedaço de

Lutando contra a evolução   77

pau, dez mil anos atrás, era mais difícil, mas naquele momento o que eu tinha feito me parecia tão assustador quanto.

Houve momentos em que pensei em desistir dos meus 100 dias de rejeição, como nesse dia do experimento com a Southwest. Estava preparado para uma rejeição pessoal do comissário de bordo, mas em vez disso recebi uma aceitação que, por sua vez, abriu uma possibilidade ainda mais assustadora: a rejeição bem pública de 130 pessoas ao mesmo tempo. Embora eu tenha conseguido passar pela árdua experiência, me senti no limite.

Antes de ler sobre as raízes biológicas da rejeição, achava que estava combatendo um monstro utilizando recursos psicológicos. Mas agora sabia que lutava contra a evolução, contra a própria química cerebral e meu DNA. A guerra não era apenas psicológica: era biológica!

E isso me fez pensar: será que eu realmente queria entrar nessa luta? Será que eu estava destinado a perder essa batalha? Comecei a imaginar se isso é o que as pessoas querem dizer com o antigo provérbio "a ignorância é uma bênção".

Mas mesmo quando me afligia pensando não ter estofo para lidar com mais situações de rejeição fui capaz de reunir forças olhando para trás, para meus primeiros experimentos. Podia ver claramente que nem toda tentativa de rejeição havia me deixado coberto de suor ou despertado meu pavor natural, principalmente quando eu conseguia apreciar o humor que havia naquelas situações. Quando pedi um refil de hambúrguer, por exemplo, saí de lá rindo. Quando o atendente do supermercado não quis me guiar em uma visita pelo depósito, em vez de fugir correndo comecei a brincar com ele. Não tinha saído daquelas situações agarrando o peito com dores, e isso me fez pensar que talvez, sem perceber, tivesse aprendido algo ao enfrentar a rejeição. Seria o humor uma maneira eficaz de neutralizar a dor da rejeição? Para testar isso, encenei outro experimento de rejeição tendo em mente o riso.

100 DIAS DE REJEIÇÃO: CORTAR O CABELO NUMA PET SHOP

Passando por uma loja da PetSmart um dia, lembrei que já estava na hora de levar meu cão, Jumbo, para aparar os pelos (sempre parece ser a hora de aparar os pelos de golden retrievers; eles são adoráveis máquinas de soltar pelos). Enquanto estacionava o carro, tive uma ideia. E se eu pedisse aos funcionários que cortassem o *meu* cabelo em vez dos pelos de Jumbo? A ideia me fez rir, e isso a tornou exatamente o tipo de rejeição que eu procurava.

Quando entrei na área de tosa da loja, quatro funcionários estavam ocupados lavando e aparando o pelo de cachorros. Uma das moças parou o que fazia e foi me atender no balcão. Depois de algumas palavras, perguntei quanto sairia uma tosa.

"Que tipo de cachorro?", ela perguntou.

"Quanto sairia para tosar o *meu* cabelo?", retruquei.

Depois de uma breve pausa, ela sacudiu a cabeça e disse: "Não fazemos isso". Então, caiu na risada.

"Mas será que você poderia me tratar como um pastor-alemão?", perguntei. Então me lembrei de minhas raízes e de minha aparência asiática. "Na verdade, não sou alemão. Você poderia me tratar como um mastim tibetano, um chow-chow ou algo assim?"

Todos os quatro funcionários começaram a rir.

"Vou me comportar. Pode me pedir para sentar que vou ficar sentado e não vou latir", falei. Eu estava com tudo.

"Tenho certeza de que você vai ser o melhor cliente que já tivemos", a moça respondeu, rindo ainda mais.

Fiz uma última tentativa antes de a rejeição se tornar definitiva: "E que tal uma manicure?"

A gargalhada dos funcionários ficou quase incontrolável.

Ao sair da pet shop, senti uma certa satisfação. Não me importava com o "não". Na verdade, eu me sentia muito bem comigo mesmo porque acreditava que tinha divertido os funcionários.

Lutando contra a evolução 79

Mas por que não tinha sentido dor nem medo? Como é que meu instinto de sobrevivência não tinha agido e os opioides não tinham começado a jorrar? Por que estavam tão obviamente silenciosos dessa vez?

Senti que estava perto de algo, então pesquisei mais. Acontece que o riso tem sido associado à capacidade de abolir a dor – literalmente.

Há uma tonelada de evidências anedóticas de que o humor ajuda a reduzir a dor e o estresse, mesmo entre políticos, que raramente são conhecidos por sua hilaridade. Quando interrompido durante um discurso no Parlamento britânico, Ronald Reagan retrucou, de brincadeira: "Há eco aqui?" Antes de ser submetido a uma cirurgia depois da tentativa de assassinato que sofreu, ele disse, brincando, aos cirurgiões: "Espero que todos vocês sejam republicanos". Do outro lado do espectro político, quando um repórter sutilmente perguntou a John F. Kennedy como ele se sentia diante do fato de o Comitê Nacional Republicano ter adotado uma resolução que basicamente o chamava de fracassado, ele respondeu: "Suponho que ela tenha sido aprovada por unanimidade". Mahatma Gandhi disse: "Se eu não tivesse senso de humor, há muito tempo teria me suicidado".

Alguns pesquisadores até mesmo provaram que o humor – e, mais especificamente, a risada – pode realmente mitigar a dor. Em 2011, Robin Dunbar, psicólogo evolucionista da Universidade de Oxford, dirigiu um experimento no qual submeteu os participantes a vários graus de dor, fazendo com que colocassem ao redor dos braços bolsas térmicas congeladas ou mantivessem as pernas dobradas em um ângulo de 90 graus enquanto se encostavam em uma parede, como se estivessem sentados em uma cadeira imaginária. Para determinar o limiar normal da dor que sentiam, Dunbar mediu por quanto tempo os pacientes conseguiam resistir à dor antes de admitir que não podiam mais suportá-la.

Depois, submeteu-os à mesma dor de novo, mas dessa vez mostrando para eles vários vídeos de comédia, como *Os Simpsons* e *South Park*, ou programas neutros sobre bichos de estimação sendo treinados, torneios de golfe e documentários destinados a despertar bons sentimentos, como *Planeta Terra*. Ele descobriu que o limite de dor dos participantes aumentava significativamente apenas quando eles assistiam a comédias, e principalmente quando riam. Por outro lado, filmes neutros ou positivos não fizeram diferença. Em outras palavras, a risada reduziu a dor e o estresse.

Dunbar acredita que o poder da risada tem mesmo raízes na evolução. "O dr. Dunbar acha que a risada pode ter sido favorecida pela evolução porque ajudou a juntar os grupos humanos, da mesma maneira como atividades como dança e canto", escreveu o repórter James Gorman no *New York Times*. Rir, dançar e cantar são atividades que produzem endorfina, um tipo diferente de opioide que não apenas combate a dor, mas também causa bem-estar. Rir pode ser o mesmo que receber uma dupla injeção de analgésicos naturais de nosso cérebro.

Isso explicava por que eu não sentira tanta dor durante os experimentos de rejeição que haviam me feito rir. O medo e a dor que poderiam ter sido gerados pela experiência foram neutralizados pela endorfina porque eu estava ao mesmo tempo me divertindo. No caso da minha aventura na PetSmart, depois de ser rejeitado, saí me sentindo melhor.

Em minha busca pela pedra certa para atirar no meu Golias, senti que tinha encontrado uma das boas. Rir não era apenas bom para mim, mas rapidamente se tornou uma das armas mais eficazes – minha própria arma biológica, fruto da evolução – para combater a dor da rejeição e me ajudar a permanecer calmo e racional.

O humor, claro, tem limites. A tolice não é apropriada em todas as situações da vida, e sabia que não seria capaz de usar o humor para me ajudar em todos os experimentos de rejeição – principalmente quando o risco é alto e os resultados têm significado real. Além disso, a endorfina trata apenas do resultado da rejeição: a dor. Não trata o medo nem a expectativa da rejeição, que são a base da capacidade destrutiva da rejeição. Mas o humor também provocou outra pergunta: se algo não pode me machucar, então por que deveria me assustar? Essa pergunta se mostrou essencial na minha luta contra a rejeição.

No filme *O Mágico de Oz*, Dorothy, o Espantalho, o Homem de Lata e o Leão partem em uma difícil jornada rumo à Cidade das Esmeraldas. Querem encontrar o "grande e poderoso" Mágico de Oz, que, esperam eles, realizará o desejo de cada um: respectivamente, voltar para casa, ter um cérebro, receber um coração e se tornar corajoso. Dentro do castelo do Mágico, caminham por um longo e horripilante corredor, lutando contra a vontade de fugir. Quando finalmente chegam à sala onde ele está, veem-no como um monstro verde, careca e ameaçador, sentado em um trono cercado de fogo, fumaça e vapor. Seu tom de voz é aterrorizante. Ele exige que os quatro partam em uma missão e é tão controlador e mau que quase os mata de medo, a ponto de o Leão até mesmo desmaiar.

Depois que terminam a missão, eles voltam para a Cidade das Esmeraldas. Enquanto o Mágico prossegue com sua cena aterrorizante, o cãozinho de Dorothy, Totó, se aproxima de uma grande cortina no canto do salão. Ele lhe dá um puxão e subitamente revela a verdade sobre o Mágico: era um homem grisalho, de aparência comum, operando uma máquina de som e luz para criar uma imagem aterradora a fim de assustar seus visitantes.

Na realidade, não havia nada de assustador no homem. Ele se tornara uma lenda apenas por conta dos boatos, dos mistérios e da fachada que havia erguido a seu redor. Mas o que tornara o medo real fora a maneira como todos reagiram a ele.

Minha jornada para encontrar e estudar a rejeição era parecida com a de Dorothy rumo à Cidade das Esmeraldas. Naquele voo da Southwest, experimentei o medo da rejeição pública com força total. Sentia-me como se estivesse naquele salão diante do perigoso e terrível Mágico de Oz. Mas, sempre que injetava humor nos meus experimentos de rejeição, sentia-me como se estivesse espiando por trás da cortina e enxergando o verdadeiro mago, uma criatura inofensiva e até engraçada. Agora estava enxergando a rejeição por um prisma totalmente diferente.

Na maior parte das vezes, quando realmente a encaramos, a rejeição é como o Mágico de Oz. Podemos ficar aterrorizados com ela quando estamos atrás de um aumento salarial, um namoro, um investimento, ou quando buscamos algum tipo de aprovação. Sentimos que a palavra "não" chega até nós com estrondo, fogo e fumaça. Sentimos que realmente pode nos ferir. Mas, na realidade, quase nunca é tão ruim. Mesmo quando não recebemos o que pedimos, não perdemos nada. Raramente nossa vida está em perigo.

Na minha vida, até então nunca tinha tido tempo de olhar atrás da cortina para ver como a rejeição – meu próprio "Mágico de Oz" – realmente era.

Agora tinha de me perguntar: *O que é essa coisa contra a qual venho lutando a minha vida inteira? O que, exatamente, é a rejeição?*

5

Repensando a rejeição

Quando comecei minha jornada, queria desesperadamente matar meu Golias. Poucas semanas depois de ter iniciado minha busca da rejeição, senti que estava melhorando nisso. Tinha achado meu ritmo, e cada rejeição parecia mais fácil. Um dia, levei uma costeleta de porco a uma churrascaria e pedi para grelhar minha própria comida. No outro, desafiei um estranho a uma disputa para ver quem piscava por último. Nenhuma dessas experiências me deixou suando.

Quanto mais avançava em minha jornada, mais queria estudar e entender a rejeição para poder aplicar à minha vida o que estivesse aprendendo. Então, comecei a aumentar o "fator medo" nos meus experimentos, tornando-os mais próximos de cenas da vida real, para ver o que poderia aprender. Um desses experimentos em particular me deu trabalho – literalmente.

100 DIAS DE REJEIÇÃO: ENCONTRAR EMPREGO EM UM DIA

Por meio de meu blog, as pessoas facilmente conseguiam entrar em contato comigo, e eu recebia dezenas de e-mails de fãs todos os dias.

Era o início de 2013, a economia ainda cambaleava e havia muita concorrência por aparentemente qualquer trabalho disponível. Não era surpresa que muita gente escrevesse para expressar frustração e medo da rejeição em relação a procurar um trabalho. Então, decidi criar um experimento de rejeição relacionado à busca de emprego, para ver se conseguia aprender algo sobre como torná-la mais fácil. Além disso, fazia anos desde a última vez que eu procurara um emprego. Queria experimentar isso em primeira mão para talvez ajudar mais alguém.

Não passei pelo caminho do *networking*-candidatura-entrevista. Em vez disso, decidi simplesmente aparecer em escritórios com meu currículo nas mãos e pedir um dia de trabalho. O pedido era um pouco estranho. Quem pede um emprego que vai durar apenas um dia? Mas minha curiosidade sobre o que aconteceria era muito maior do que meu nervosismo.

Quando não se tem medo da rejeição e a sensação é a de que não há nada a perder, coisas incríveis podem acontecer.

Nas minhas duas primeiras tentativas, fui rapidamente mandado embora por gerentes administrativos de fisionomia severa. Um deles chegou a me passar um sermão, dizendo que não se deve aparecer do nada desse jeito e que eu precisava seguir o procedimento normal de candidatura. Sem desanimar, entrei no terceiro prédio comercial para uma última tentativa antes de ir para casa.

A gerente que me recebeu tinha um sorriso que deixaria à vontade qualquer um, inclusive candidatos a emprego. Seu nome era Jennifer Carrier. Depois de ouvir meu pedido, ela não me expulsou. Na verdade, primeiro quis entender melhor por que eu estava atrás de um emprego. Expliquei que, como empreendedor, não procurava trabalho havia algum tempo, então queria ver se, ao simplesmente aparecer em um escritório, conseguiria encontrar algum. Fiz o possível para convencê-la de que seria um excelente funcionário e me esforçaria em qualquer cargo que ela pudesse me oferecer, fosse em marketing virtual – minha especialidade na empresa da *Fortune 500* da qual eu havia me demitido –, fosse em uma ocupação manual. No fim, pedi que ela me contratasse como seu assistente pessoal por um dia. Depois de pensar um pouco, ela me deu um "sim" provisório, acrescentando que teria de consultar seu chefe antes de se tornar oficial.

Alguns dias depois, Jennifer ligou. Ela me apresentou uma "proposta" de trabalho por um dia em sua empresa como assistente do gerente administrativo. A empresa era a Bigcommerce, uma firma de tecnologia sediada em Austin que cria sites para pequenos negócios. Eu ajudaria Jennifer em suas tarefas diárias, como receber visitantes, resolver questões de logística para o escritório e seus funcionários, e pedir o almoço.

Aceitei a oferta e, dias depois, apareci no escritório. Passei a manhã trabalhando com Jennifer. À tarde, durante uma reunião da empresa, fiz outra tentativa de rejeição, pedindo aos gerentes que colocassem minha foto no site da empresa. Por incrível que pareça, dias depois minha foto estava lá.

A REJEIÇÃO É HUMANA

Sem a ajuda de nenhum recrutador ou agência, sem preencher formulários de candidatura on-line, sem fazer nenhuma entrevista nem entregar minhas referências, eu tinha encontrado um emprego. E só precisei de três tentativas. Claro que não estava pedindo que a Bigcommerce investisse em mim no longo prazo; conseguir um emprego em tempo integral, com bom salário e benefícios, é mais difícil do que se apresentar como voluntário para trabalhar um dia. Mas senti que tinha aprendido algo sobre como interagir com futuros empregadores.

Seria ingenuidade dar crédito total à minha estratégia, à minha persistência ou a quaisquer habilidades de persuasão que eu pudesse ter; fatores externos haviam desempenhado um papel igual, se não mais importante, no resultado. Para começar, Jennifer, a gerente administrativa da Bigcommerce, disse "sim" enquanto a maioria de seus colegas diria "não". Depois de conhecê-la, fiquei sabendo que era conhecida por seu estilo receptivo, senso de humor e amor pela aventura. Quando a entrevistei mais tarde para entender por que havia me dito "sim", ela me contou que aquela situação de receber em seu escritório um homem que sabia se expressar, com um bom currículo, e que estava buscando emprego por um dia, tinha atiçado sua curiosidade. Mas, à medida que conversávamos, percebi que se tratava de algo mais.

Jennifer tinha morado em Massachusetts na infância. Seu pai, um vendedor, a ensinara a ser curiosa quanto às intenções das pessoas e a não repudiar os pedidos de terceiros. Sua mãe, que era sulista, lhe ensinou o valor da hospitalidade. Tímida e quieta no ensino médio, Jennifer foi enviada pelo pai a uma escola de modelos por um ano. Ali aprendeu que um sorriso e uma atitude positiva podem ser tão importantes para a aparência de alguém quanto seu visual natural. Na faculdade, trabalhou como garçonete em restaurantes para ajudar a pagar as mensalidades. O emprego a ensinou a nunca dizer "não" ao pedido de um freguês sem primeiro tentar encontrar uma solução. Todas essas experiências e perspectivas tornaram Jennifer quem era. E todas estavam em cena no dia em que bati na porta de seu escritório e pedi um emprego.

Jennifer certamente foi uma exceção à regra, e o fato de encontrar alguém como ela em minha terceira tentativa, em vez de na décima ou na décima quinta, foi um golpe de sorte. Se não tivesse topado com Jennifer, teria terminado meu experimento de rejeição com um "não". Não teria havido um emprego de um dia, nem eu teria tido a chance de compartilhar o que aprendera com meus seguidores no blog. Por outro lado, eu poderia ter tido ainda mais sorte e encontrado Jennifer na primeira tentativa. Nesse caso, teria parado depois de conseguir o primeiro "sim" e, possivelmente, teria chegado à conclusão errada de que a maioria dos gerentes administrativos era receptiva a estranhos em busca de emprego. Estava agradecido pelos pontos de vista que havia desenvolvido após passar pelos dois tipos de situação.

Com esse experimento, observei um fato muito importante: as pessoas podem reagir ao mesmo pedido de maneiras bem diferentes, e isso nada tem a ver comigo. Eu era a mesma pessoa fazendo o mesmo pedido – "Posso trabalhar aqui por um dia?" – a três pessoas diferentes em três escritórios diferentes. As respostas delas refletiram suas próprias atitudes, seu senso de curiosidade e sua tolerância a riscos – e isso tudo variava bastante entre elas.

Muita gente – incluindo eu mesmo, antes dos experimentos – poderia perder a confiança em si próprio depois de algumas rejeições. Toda vez que as pessoas pedem o que desejam, sentem que o "universo" está fazendo um julgamento unânime sobre seus méritos. Mas Jennifer me ajudou a ver que isso pode não ser verdade. O "universo" é composto de pessoas com personalidades, estímulos e histórias diversas e frequentemente opostas. A reação delas a um determinado pedido revela muito mais sobre elas do que sobre quem pediu.

Comecei a entender que a rejeição é uma interação humana, com pelo menos duas pessoas envolvidas em cada decisão. Quando nos esquecemos disso – e enxergamos a pessoa que diz "sim" ou "não" para nós como máquinas sem rosto –, cada rejeição é vivenciada como uma acusação, e cada aceitação, como uma validação. Mas não é bem assim.

A REJEIÇÃO É UMA OPINIÃO

Essa experiência de procurar emprego também provocou outra mudança de paradigma. A partir desse ponto, a rejeição pareceu menos "uma verdade" e mais uma opinião. As outras pessoas estavam apenas processando meus pedidos e me dando suas opiniões. Essa opinião poderia se basear no humor delas, em suas necessidades e circunstâncias naquele momento ou no conhecimento que cada uma tinha, na experiência, na educação, na cultura e no modo como foram criadas. Não sei ao certo quais forças as estavam motivando no momento em que entrei na vida delas, mas geralmente essas forças eram bem maiores do que minha apresentação, minha personalidade ou meu próprio pedido.

As pessoas geralmente usam a frase "todo mundo tem direito a uma opinião". Na verdade, todos têm opiniões, e às vezes algumas são tão fortes que as pessoas mal podem esperar para compartilhá-las. Seja sobre política ou governo, preferências gastronômicas ou gostos musicais, nossas opiniões são as mais diversas possíveis. Se eu aceitasse todas as opiniões e as usasse para julgar o mérito de algo, não apenas mudaria constantemente meu modo de pensar como provavelmente não conseguiria mais nem pensar.

Ao longo da história, muitas grandes ideias que depois levariam ao progresso da humanidade foram inicialmente recebidas com rejeição verbal, violência e até mesmo ameaças da sociedade. Estou me referindo a movimentos liderados por Sócrates, Galileu, Joana d'Arc, Mahatma Gandhi, Nelson Mandela e Martin Luther King Jr. Até mesmo a base do cristianismo foi formada pela rejeição a Jesus por seu próprio povo.

Além disso, as opiniões das pessoas mudam com o tempo e conforme a região, e são fortemente influenciadas por fatores sociais, políticos e ambientais, coisas que estão muito além do controle individual. As pessoas são suscetíveis às pressões da sociedade, que as encoraja a se comportar de determinada maneira – ou exige que se comportem assim.

Stanley Milgram, psicólogo social da Yale, realizou um dos mais famosos – e infames – experimentos (o Experimento de Milgram) que demonstram como as pessoas podem ser influenciadas pela presença de uma figura de autoridade. Nesse experimento, um ator usando um jaleco de laboratório pedia que os participantes da pesquisa dessem choques elétricos em outro ator, que fingia ser um participante, na sala adjacente. Sem saber que o choque era falso e o experimento, encenado, o participante seguia a ordem e dava os choques, geralmente até o nível máximo, que podia ser "fatal". O experimento teve grande repercussão porque mostrava que as pessoas diriam "sim" para acatar ordens dadas por autoridades.

Influências externas exercem um impacto enorme no modo como as pessoas enxergam uma situação, e essas influências podem mudar com o tempo. O modo como alguém se sente a meu respeito, ou sobre um pedido que estou fazendo, pode ser influenciado por fatores que não têm nada a ver comigo. Se as opiniões e os comportamentos podem mudar tão drasticamente com base em tantos fatores diferentes, por que encarar tudo que tem a ver com rejeição de modo tão pessoal? Essa percepção simples, mas profunda, me ajudou a começar a tirar da rejeição a camada da emoção, e a ver com novos olhos as decisões que as pessoas tomam.

Decidi que queria usar os 100 dias de rejeição como um experimento para testar se era possível uma ideia ser considerada universalmente boa ou má. Queria criar um experimento de rejeição no qual oferecesse aos outros algo que eu mesmo nunca aceitaria, e que tivesse certeza de que ninguém mais aceitaria. Seria possível que alguém tivesse uma opinião tão diferente que pudesse aceitá-la?

Inventar uma ideia de rejeição desse tipo é mais difícil do que parece. Então chamei alguém renomado por sua capacidade de projetar experimentos sociais bizarros: Dan Ariely, professor de economia comportamental da Universidade Duke. Seus *best-sellers*, *Previsivelmente irracional* e *A mais pura verdade sobre a desonestidade*, são repletos de experimentos assim. Eu tinha assistido a uma aula de Dan na faculdade e achei que ele era uma das pessoas mais engraçadas e profundas que já tinha conhecido. A economia comportamental estuda as influências psicológicas, sociais e emocionais na tomada de decisões. Se eu quisesse fazer um experimento social relacionado ao comportamento humano, Dan seria a primeira pessoa a quem pediria conselho.

Então, liguei para ele. Falei da minha louca e incrível jornada de rejeição. E perguntei se ele tinha alguma ideia de como criar um experimento que ninguém aceitasse.

Dan não apenas adorou minha história, como rapidamente começou a pensar em ideias malucas para eu testar. Achei uma delas brilhante, e decidi colocá-la em prática.

100 DIAS DE REJEIÇÃO: OFERECER MAÇÃS A ESTRANHOS

Do livro de Gênesis ao conto de fadas da Branca de Neve, da lenda urbana que fala sobre giletes dentro de maçãs no Halloween ao conselho de toda mãe responsável, aceitar maçãs de um estranho sempre foi má ideia.

Então, comprei algumas e passei a oferecê-las a estranhos em um estacionamento. Batizei meu post no blog de "A rainha má e as seis Brancas de Neve". Eu seria a rainha má dando maçãs. E de maneira nenhuma as "Brancas de Neve" iriam mordê-las, certo? Mas, para ter certeza, fui até o estacionamento de um estabelecimento local bem conhecido, fiquei na calçada perto da porta de entrada e comecei a oferecer maçãs aos fregueses. Como era de esperar, a maioria recusou. Uma mulher chegou a me explicar por que tinha tanto medo de uma oferta como aquela, citando preocupações emocionais e segurança alimentar. Ela pareceu traumatizada ao lembrar uma experiência em um restaurante onde sua comida tinha sido "batizada".

No entanto, outra mulher me surpreendeu. Quando lhe ofereci a maçã, ela, toda bem-vestida, me falou: "Ah, obrigada!" Pegou a fruta e se afastou como se não houvesse nada estranho nisso. Alguns passos depois, deu uma mordida na maçã.

Quase caí no chão, como se eu mesmo tivesse mordido uma maçã envenenada. Como alguém podia simplesmente comer um alimento oferecido por um estranho sem pensar duas vezes?

Eu me arrependo de não ter ido atrás dela para perguntar por que aceitara a maçã. Independentemente do motivo, sei que sua decisão foi tomada pelo julgamento que fez de mim. Ela avaliou o estranho com o saco de maçãs e a oferta maluca; então, formou a opinião de que não havia mal em aceitar a fruta. Talvez houvesse fatores além do meu conhecimento que tinham tornado minha oferta atraente: ela podia ter pulado uma refeição ou estar tentando comer mais frutas, ou talvez apenas tivesse me achado simpático demais para ter adulterado o alimento.

Se a má ideia de comer alimentos desembrulhados oferecidos por um estranho não era universalmente rejeitada, existiriam ideias universalmente rejeitadas? Caso não houvesse, talvez isso significasse que a única razão de sermos rejeitados é ainda não termos encontrado a pessoa certa para dizer "sim".

A REJEIÇÃO TEM UM NÚMERO

Um de meus diálogos favoritos em filmes está em *Wall Street — O dinheiro nunca dorme*, a sequência do clássico *Wall Street — Poder e cobiça*, quando o jovem herói, Jacob Moore, confronta o vilão corporativo, Bretton James, sobre sua obscura ética nos negócios e seu voraz apetite por dinheiro.

> JACOB: "Qual é o seu número?"
>
> BRETTON: "Como?"
>
> JACOB: "A quantia de dinheiro necessária para que você se afaste de tudo e apenas viva feliz para sempre. Você sabe, acho que todo mundo tem um número, e geralmente é um número exato, então qual é o seu?"
>
> BRETTON, COM UM SORRISO CRUEL, RESPONDE: "Mais."

Por meio de meus experimentos de rejeição, comecei a perceber que poderia conseguir um "sim" simplesmente falando com mais pessoas. Óbvio que nem toda tentativa de rejeição terminaria com um "sim", principalmente as mais estranhas. Mas fiquei surpreso ao ver quantas vezes minha persistência tinha valido a pena – como no experimento da maçã e ao conseguir emprego por um dia. Isso me fez pensar: será que as rejeições também têm um "número"? Se pedirmos para pessoas suficientes, vezes suficientes, acabaremos encontrando alguém que nos diga "sim"?

Quando se trata de persistência, entre as pessoas que são constantemente rejeitadas estão aquelas que trabalham em áreas criativas. EJ, uma autora de ficção, me enviou um e-mail com um desafio:

"Sou escritora e adoraria trabalhar com você no próximo vídeo da Terapia da Rejeição", ela escreveu. "Vejo escritores serem rejeitados diariamente. A maioria recebe toneladas de rejeições e nunca é aceita pelas grandes e intimidadoras editoras. Acho que um experimento sobre isso enviaria uma mensagem e tanto, e provavelmente seria viral na enorme comunidade literária. Seria um vídeo em que você fosse até uma editora, chegasse ao andar executivo e entregasse a esses caras um original, perguntando: 'Vocês podem publicar meu livro?'"

Embora esse experimento nunca tenha sido feito, a mensagem de EJ me fez pensar mais sobre a vida de um escritor. Imaginei quantas vezes autores famosos foram rejeitados por editoras antes que uma delas finalmente aceitasse publicar seu primeiro livro.

Quando fui pesquisar sobre isso, encontrei números surpreendentes:

- *O senhor das moscas*, de William Golding: 20 vezes.
- *O diário de Anne Frank*: 15 vezes.
- *Carrie, a estranha*, de Stephen King: 30 vezes.
- *Zen e a arte da manutenção de motocicletas*, de Robert M. Pirsig: 121 vezes (um recorde no *Guinness*).
- *Dublinenses*, de James Joyce: 22 vezes.
- *A resposta*, de Kathryn Stockett: 60 vezes.
- *Harry Potter e a pedra filosofal*, de J. K. Rowling: 12 vezes.

- *O chamado do cuco* (J. K. Rowling usando o pseudônimo Robert Galbraith): pelo menos uma rejeição confirmada, talvez mais.

E não eram apenas os números: alguns desses escritores tinham recebido um *feedback* extremamente duro das editoras:

"Não acho que a menina tenha percepção ou sentimentos especiais que possam tornar o livro algo além de uma 'curiosidade'" – sobre *O diário de Anne Frank*.

"Uma fantasia absurda e desinteressante; um lixo, sem brilho" – sobre *O senhor das moscas*.

"Não estamos interessados em ficção científica que lide com utopias negativas. Isso não vende" – sobre *Carrie, a estranha*.

"É longo demais para crianças" – sobre *Harry Potter e a pedra filosofal*.

As rejeições a J. K. Rowling são especialmente fascinantes. Em 1995, ela enviou seu primeiro original de *Harry Potter* a 12 editoras britânicas e foi rejeitada por todas. Então, a chefe de uma editora, a Bloomsbury, entregou o original para sua neta, que não conseguiu largá-lo até ter lido tudo até o fim. A Bloomsbury finalmente deu o sinal verde a Harry Potter um ano depois. Se a menina não tivesse adorado a história, Harry Potter poderia ter ido parar no picador de papel, e sua batalha épica contra aquele-que-não-deve-ser-nomeado nunca teria acontecido.

Mais de uma década depois, *Harry Potter* já tinha vendido mais de 100 milhões de exemplares, tornando-se um dos dez livros de maior sucesso da história. J. K. Rowling enviou às editoras o original de seu novo livro, *O chamado do cuco*, sob um pseudônimo, porque queria que seu trabalho fosse aceito por mérito próprio, e não graças a sua fama.

O editor que leu e rejeitou o livro, que também se tornaria um *best--seller*, disse que ele era "parado" e "não se sobressaía".

Todas essas rejeições viraram piada e fábulas inspiracionais por causa do sucesso que os livros e os autores obtiveram. Mas suspeito que cada "não" que esses autores receberam os tenha desencorajado – e talvez até mesmo os tenha deixado arrasados. É difícil não pensar na quantidade de obras-primas que deixou de ver a luz do dia porque seus criadores ficaram tão desestimulados pelas rejeições e opiniões negativas que pararam de tentar.

Todos esses escritores – muitos deles considerados hoje os maiores talentos de sua época – tiveram de insistir, enfrentando dezenas de rejeições, até acharem a pessoa certa que concordou em publicar suas obras. É como se, para se tornar mestre de uma arte, não fosse necessário apenas talento, mas também a capacidade de relevar as rejeições até obter uma aceitação – sem falar na fé incessante em si mesmo e no próprio trabalho.

Independentemente de a obra ser boa ou ruim, não existe uma fórmula matemática para todos no mundo a aceitarem ou rejeitarem. Mas, se a aceitação é a única coisa pela qual uma pessoa anseia, tudo o que ela precisa fazer é falar com um número suficiente de pessoas. Há grandes chances de que alguém termine dizendo "sim".

Claro que nem todas as aceitações acontecem da mesma maneira. Nem toda ideia de livro vai resultar em uma franquia gigantesca como a de J. K. Rowling; afinal, há ideias boas e ruins. No entanto, pensando em todos esses escritores que acreditaram em seu trabalho a ponto de continuarem tentando achar um editor depois de tantas rejeições dolorosas, percebi como é importante acreditar no que se está fazendo. A rejeição é humana, é uma opinião, e tem um número. Se eu visse a opinião dos outros como a única que conta – que era o que eu fazia quando tomava cada rejeição como uma ofensa pessoal –, então minha vida seria deprimente. Estaria baseando minha autoestima, e até mesmo o curso da minha existência, em caprichos e julgamentos alheios.

Durante boa parte da minha vida, a rejeição me assustou como um Golias, impedindo que eu fosse atrás dos meus sonhos por mais de uma década. Às vezes, me impediu de me aproximar de outras pessoas, ou mesmo de lhes dizer "olá", por medo de rejeição e julgamento. Mas, agora que estava estudando o Golias e o via com novos olhos, a sensação era de que o tinha encurralado. Sem a névoa da dor e do medo, a rejeição não era o Golias que eu achava que fosse. Era mais como o Mágico de Oz. A rejeição não precisava ser minha inimiga, se eu não a deixasse me matar de medo.

Lições

1. A rejeição é humana: a rejeição é uma interação humana que envolve dois lados. Geralmente diz mais sobre quem rejeita do que sobre quem é rejeitado, e nunca deve ser vista como a verdade universal e a única opinião que importa.
2. A rejeição é uma opinião: a rejeição é a opinião de quem rejeita. É fortemente influenciada pelo contexto histórico, por diferenças culturais e fatores psicológicos. Não existe rejeição ou aceitação universal.
3. A rejeição tem um número: toda rejeição tem um número. Se quem é rejeitado passar por rejeições suficientes, um "não" pode se tornar um "sim".

6

Recebendo um "não"

Mais ou menos na metade do meu projeto de 100 dias, meu medo da rejeição estava se transformando em algo mais parecido com curiosidade. Essa mudança de perspectiva abriu a porta para que eu começasse a fazer ainda mais experimentos com a rejeição. Eu queria estudar essa reação por diferentes ângulos. E a primeira coisa que desejava era descobrir o que poderia acontecer *depois* de receber um "não".

No passado, sempre achei que a melhor maneira de minimizar a dor da rejeição era superando-a assim que possível, meio como arrancar um curativo de uma vez só em vez de ir puxando devagar e prolongando a agonia. Na maioria dos casos, eu fugia – às vezes, literalmente – depois de ouvir um "não", pondo fim à conversa o mais rápido que podia.

Agora queria ver o que aconteceria se, em vez de sair correndo da cena da rejeição, eu decidisse ficar para descobrir o que viria logo em seguida. Mal sabia eu quanto iria aprender ao simplesmente não fugir da situação.

Pergunte "por que" antes de dizer tchau
100 dias de rejeição: plantar uma flor no jardim de alguém

Depois de eu ter postado o vídeo em que jogava futebol no quintal de Scott, aquele torcedor de futebol americano, as pessoas começaram a sugerir que eu batesse na porta de estranhos pedindo várias coisas, desde uma xícara de açúcar até passar a noite na casa deles. Entre todas as sugestões criativas, uma me chamou a atenção: pedir para plantar uma flor no jardim de alguém. Adorei a ideia porque (1) era insólita o bastante para quase garantir um "não" e, (2) se por acaso eu recebesse um "sim", estaria contribuindo para enfeitar o jardim de outra pessoa.

Depois de comprar uma muda de roseira Double Delight na cor pêssego, pronta para ser plantada, comecei a dirigir por Austin procurando uma boa casa para minha primeira tentativa. Na última vez que eu saíra dirigindo em busca de uma porta para bater, estava extremamente nervoso. Mas nessa altura dos acontecimentos já tinha me tornado um veterano da rejeição. Escolhi uma casa, caminhei até a porta e bati. Aquela sensação de vida ou morte que senti quando me aproximei da casa de Scott era quase inexistente agora.

Dessa vez, um homem de cabelos brancos me atendeu. Na hora, ele viu a roseira em minhas mãos – era difícil não vê-la. Provavelmente imaginou que eu fosse um vendedor, porque não pareceu interessado em conversar. Então expliquei que queria plantar a roseira no quintal dele, sem cobrar nada por isso. Ele ergueu as sobrancelhas e sorriu de leve.

"Certo, isso é mais interessante do que eu pensava", admitiu, quase com timidez. "Obrigado, mas não."

Esse era o momento: minha chance de ver o que acontece depois de um "não". Quando ele estava quase fechando a porta, eu disse: "Tudo bem, mas poderia me dizer por quê?"

"Ah, não gosto de flores no meu quintal", explicou. "Meu cachorro iria desenterrá-las e destruí-las. Agradeço, mas acho que você escolheu o cara errado."

Ele olhou para a roseira de novo. "Gosto do fato de você estar dando essas flores", falou. "Se você atravessar a rua e perguntar para a Lauren, ela pode querer. Ela adora flores."

Era uma reviravolta inesperada. Disse "obrigado" e atravessei a rua. De posse dessa nova informação, e sentindo uma onda de confiança e entusiasmo, arrisquei a casa de Lauren. Ela e o marido estavam prestes a sair quando cheguei. Depois de escutar minha oferta e de falar com o marido, ela concordou em me deixar plantar a roseira em seu jardim.

"Adoro rosas da cor pêssego", emocionou-se, genuinamente contente com o novo acréscimo ao quintal.

A roseira que plantei, com seu caule reto e dois ramos angulares, parecia a letra Y. Era quase uma lembrança literal do poder de se perguntar "por que"[4] depois de uma rejeição. Ao manter aquele breve diálogo com o homem, aprendi duas coisas valiosas:

1. O homem me rejeitou não porque não confiava em mim ou por ter achado que eu era esquisito. Ele gostou da minha proposta, mas ela não se adequava à sua situação.
2. Ele me encaminhou para outra pessoa que sabia que poderia ser mais receptiva ao meu presente.

Naquele meu primeiro experimento de rejeição, quando perguntei ao segurança do prédio do meu escritório se ele poderia me emprestar 100 dólares, depois de dizer "não" ele me fez uma pergunta: "Por quê?" Assustado e constrangido, escapuli sem me explicar. Mas, desde então, não consigo deixar de pensar em sua reação.

Quando Scott, o fervoroso torcedor do Cowboys, me deixou jogar futebol em seu quintal, tinha perguntado a ele por que havia concordado com meu pedido. Ele disse que era tão "estranho" que

---

4. Em inglês, o som da letra "Y" é igual ao da palavra *why*, que significa "por que". [N. T.]

não conseguira recusá-lo. Saber o motivo que o levou a dizer "sim" me ajudou a entender Scott e sua decisão. No entanto, isso só aconteceu por causa do *por quê*. Perguntar ao homem de cabelos brancos por que ele não queria uma roseira em seu jardim havia produzido um tipo diferente de resultado: uma explicação *e* uma orientação. Ele poderia ter me dispensado, mas me orientou em direção a um "sim".

Perguntar o porquê ajudava a esclarecer qualquer mal-entendido que eu alimentasse quanto à motivação da outra pessoa. Antes, quando era rejeitado, eu automaticamente supunha que tivesse feito algo errado. Mas, ao passar mais alguns minutos com o homem que inicialmente me havia rejeitado, pude descobrir que o que eu oferecia simplesmente não se adequava à situação dele. Não havia nada de pessoal nisso; ele não queria uma roseira, não só de mim como de mais ninguém. Não achava que ele tivesse me dado um motivo falso só para me afastar de sua porta; se fosse assim, ele não teria sugerido que eu falasse com a vizinha que gostava de flores.

Há um motivo por trás de cada decisão que uma pessoa toma, seja ela lógica e bem pensada ou impulsiva e provocada pelo calor do momento. Saber o motivo por trás de uma rejeição pode ajudar a minimizar, ou mesmo a dissolver, qualquer dor que possamos sentir se não perguntarmos. Muitas pessoas que me rejeitaram o fizeram não por causa do mérito do meu pedido nem por algo relacionado a mim, mas por alguma razão totalmente diferente, inclusive por algo às vezes facilmente contornável. Assim que entendi isso, percebi que era bem mais fácil lidar com a rejeição. Até mesmo aprendi a me valer das rejeições como experiências de aprendizado que poderiam tornar meus pedidos ainda melhores da próxima vez.

Só há vantagens em se perguntar "por que". Afinal, você já foi rejeitado. E o esclarecimento que a resposta pode dar será valioso. Na verdade, perguntar "por que" pode até mesmo ser uma ferramenta para transformar uma rejeição em uma aceitação.

Recue, não fuja
100 dias de rejeição: desafio do McDonald's
(conseguir um McGriddles à tarde)

À medida que o projeto dos 100 dias continuava, comecei a receber mais sugestões de desafios de toda espécie. Um dia, um seguidor me instigou a entrar em um McDonald's no meio da tarde e pedir um sanduíche McGriddles, um item que só consta no cardápio do café da manhã. Ele estava certo de que eu seria "100% rejeitado", porque é "impossível" para o McDonald's fazer sanduíches de café da manhã depois do meio-dia.

Eram duas da tarde quando pedi a uma atendente do McDonald's um sanduíche McGriddles. Como esperado, recebi um "não" bem rápido. Depois de eu perguntar por quê, ela explicou que eles já tinham limpado a máquina que prepara ovos e bacon. Então, mudei de tática.

"Vocês têm algo *parecido* com um McGriddles?", perguntei. Isso aguçou o interesse da atendente. Ela disse que poderia preparar um "McGriddles simples", que consistia em uma panqueca de mel na chapa com queijo por cima. Aceitei. Levei o sanduíche para a mesa, liguei meu iPhone para me gravar e registrar a vitória sobre o desafio "impossível" do fã. O sanduíche não era tão bom sem ovos e bacon, mas comi tudo, e não foi assim tão ruim.

O desafio do McDonald's começou como algo um pouco bobo, mas terminou oferecendo outra lição importante. Tinha tentado uma tática de negociação que seria mais uma importante arma em meu arsenal. Em vez de focar meu objetivo apenas na coisa específica que pedia, reavaliei minha solicitação original e pedi algo menos difícil; nesse caso, algo "parecido com um McGriddles". A atendente reconheceu minha concessão e encontrou uma solução aceitável para ambas as partes.

Na guerra há uma distinção crucial entre a retirada e a fuga. Retiradas costumam ser temporárias. As tropas recuam a fim de se reagrupar, reunir forças ou mudar de posição tática. A fuga, por outro lado, é a perda total da capacidade de combate e do moral dos soldados. Na fuga, as tropas em geral largam as armas e correm para salvar a própria vida. Soldados indefesos em fuga viram as costas para o inimigo, tornando-se alvos fáceis. Muitas vezes é durante a fuga que ocorre a maior parte das mortes.

Para quem tem medo da rejeição ou fica ansioso diante dessa possibilidade, pedir qualquer coisa pode ser um minicampo de batalha. Quando já se está tão sem graça ao fazer o pedido, pode ser difícil decidir se é melhor continuar ou dar o fora de lá antes de um "não". Descobri que, (1) se continuar insistindo em ter o que quero sem levar em conta o que a outra pessoa diz, ela ficará aborrecida e me descartará friamente, e (2) se eu me virar e fugir vou me derrotar sozinho. Em ambas as situações eu sairia sem ter o que queria ou precisava, e ficaria vulnerável não apenas às críticas dos outros, mas às suposições e aos comentários desmoralizantes que eu faria a mim mesmo sobre o encontro. A maior vítima decorrente dessas "batalhas" não era a rejeição, mas a perda de confiança.

O momento McGriddles me ensinou que havia uma terceira via poderosa: recuar, reavaliar e tentar uma nova abordagem. Se pudesse ajustar minha solicitação e "pedir" de um jeito diferente, algo interessante e inesperado poderia acontecer – e geralmente acontecia. Em uma experiência de rejeição, tentei conseguir um quarto de graça em um hotel luxuoso e fui rejeitado logo de cara. Mas, depois de recuar e fazer um pedido menos difícil, acabei ganhando uma excursão pelos quartos do hotel e até me deixaram tirar um cochilo em uma das camas famosas pelo conforto. Durante outra experiência, entrei no prédio do Corpo de Bombeiros e pedi para escorregar pelo mastro de incêndio. Mas o prédio era térreo e não havia mastro. Então, mais uma vez, recorri a um pedido menos difícil, e logo estava fazendo uma excursão pelo prédio, com o bombeiro de plantão como meu guia particular. Ele inclusive se ofereceu para me levar em um passeio no carro de bombeiro.

Em seu livro *As armas da persuasão*, um clássico sobre psicologia e comunicação, Robert Cialdini explica a eficácia de se fazer uma concessão e bater em retirada, formulando um pedido menos difícil depois de uma rejeição inicial. Segundo o autor, como a maior parte das pessoas não quer ser grosseira, elas estão bem menos dispostas a dizer "não" uma segunda vez a quem refaz o pedido depois de uma concessão. É por isso que negociações bem-sucedidas, que resultam em situações em que todos saem ganhando, geralmente são o resultado de um dar-e-receber, em vez de as duas partes fincarem o pé e se recusarem a fazer concessões.

Perguntar "por que" pode abrir um canal totalmente novo de compreensão e possibilidades entre quem faz o pedido e quem o recebe. O mesmo acontece quando recuamos e perguntamos: "Se você não pode fazer isso, pode fazer outra coisa?" Quando experimentei fazer essas perguntas algumas vezes seguidas, ficou óbvio para mim que em geral há bem mais espaço para manobras em torno de um "não" do que eu havia imaginado. Na verdade, todo "não" é cercado por um monte de interessantes, mas invisíveis, "sins", que eu mesmo deveria descobrir.

Se você não é aceito em uma vaga de emprego, uma opção é fugir, mas outra é pedir recomendações para outros cargos com base em suas qualificações. Se alguém derruba sua argumentação numa venda, você pode pedir para ser encaminhado a outro departamento ou cliente. Ao ter uma posição para a qual se retirar – e mantendo a mente aberta –, você evita a sensação de derrota por conta de uma rejeição.

Colabore, não discuta
100 dias de rejeição: criar meu próprio sabor de sorvete

Quando eu era criança na China, tinha muitos sonhos ambiciosos. Um deles era cavar um buraco na terra que levasse da China até a

América. Aos 6 anos, realmente comecei a cavar esse buraco na calçada da rua onde cresci. Depois de dois dias – e cerca de um metro de terra cavada –, alguém contou para minha mãe. Foi o fim da minha aventura, e a viagem para a América foi adiada por uma década.

Outro sonho de infância era criar meu próprio sabor de sorvete, mas eu nunca tentara transformar esse sonho em realidade. Agora que estava envolvido em minha jornada de rejeição e bem mais experiente quanto a manobrar um "não" para chegar a algum lugar interessante, parecia o momento certo de tentar.

Depois de pensar um pouco e bolar algumas ideias para sabores, fui até a Amy's Ice Creams, uma loja famosa por seu ótimo sorvete, assim como pelos movimentos de dança impressionantes que os atendentes fazem enquanto preparam o sorvete e as coberturas para os fregueses. Felizmente, dessa vez minha mãe não estava lá para me impedir.

Entrei na loja e pedi ao atendente que me fizesse um sorvete com um sabor que apelidei de "Tortura Tailandesa". Descrevi o sabor como uma combinação de pimenta seca, pimenta jalapeño e chili, os ingredientes mais picantes que pude imaginar. Certa vez tinha encomendado em um restaurante tailandês um prato apimentado classificado no nível 51 na tabela que ia até 50. Os dois dias seguintes foram de pura tortura. "Tortura Tailandesa" era um sabor que eu tinha certeza que ninguém iria querer – e que nenhum atendente de sorveteria iria fazer para mim.

Como era de esperar, o atendente disse "não" e chamou minha atenção para o cardápio de sabores da loja. Só que, em vez de ir embora – ou aceitar baunilha –, comecei a fazer mais perguntas. Quando perguntei se tinham algum sabor picante, ele disse que realmente vendiam alguns durante o verão (era inverno), inclusive dois sabores com jalapeño e outro chamado "Chocolate Wasabi". Ele foi até o congelador procurá-los, mas não encontrou nenhum. Porém, disse que, se eu trouxesse meus próprios ingredientes, ficaria feliz em customizar o sorvete para mim.

No fim das contas, o atendente me deu uma amostra de sorvete do estranho sabor bacon com hortelã, e eu adorei. Certamente tinha um gosto bem melhor do que teria o "Tortura Tailandesa".

Recordando essa história, lembrei que o atendente tinha literalmente saído de trás do balcão para ficar ao meu lado e compartilhar uma visão comum daquela situação. Não se tratava de um jogo de você *versus* eu, em que ninguém sai ganhando, mas de um jogo de nós *versus* eles para chegar a uma solução. Resolver o problema foi uma vitória para nós dois. Além disso, ele tinha me dado uma abertura para criar meu próprio sabor se eu cedesse de certa forma e levasse a ele meus próprios ingredientes.

Quando eu tinha medo da rejeição, era natural enxergar como minhas adversárias as pessoas que detinham o poder de me conceder um "sim" ou um "não". Mas, depois que mudei esse modo de pensar e comecei a vê-las como *colaboradores*, de repente me encontrei em um território totalmente novo. Não abordei o atendente no Amy's Ice Creams com nenhum sentimento negativo, e essa mentalidade mais tranquila me permitiu manter o otimismo e o respeito. Quando lhe fiz perguntas a respeito do assunto em pauta, tornei-o um colaborador, o que o levou a assumir seu papel de atendente e me ajudar a atingir meus objetivos. E, como já havia constatado várias vezes antes, o resultado final foi melhor do que o previsto.

Por outro lado, o oposto da colaboração – a disputa – é um ímã para a rejeição. Isso ficou claro em uma experiência que tive com a equipe de um documentário que foi de Los Angeles a Austin para produzir um vídeo sobre minha jornada de rejeição. Eles estavam intrigados principalmente pela maneira como eu ouvia tantas vezes um "sim" diante de pedidos tão malucos. Na época, eu também estava tentando entender isso, então concordei em levá-los comigo em uma excursão em busca de rejeição.

Austin, cujo apelido oficial é "capital mundial da música ao vivo", está repleta de estúdios independentes. Os funcionários desses estúdios costumam ser músicos em meio período. A ideia era aparecer em um desses estúdios e pedir a um dos funcionários que tocasse sua canção preferida para nós.

Curiosos para ver o que aconteceria se outra pessoa fizesse o pedido, mandamos Ethan, um dos membros da equipe de filmagem, tentar. Ele se aproximou do atendente na recepção e perguntou se ele poderia nos mostrar o estúdio e tocar alguma música. O cara atrás do balcão disse "não". Falou que estava trabalhando e pareceu um pouco incomodado.

Ethan começou a argumentar, dizendo ao funcionário que era trabalho dele atender aos pedidos de fregueses em potencial. Por sua vez, o atendente disse que a política do estúdio não permitia que empregados ou fregueses usassem os instrumentos do local sem permissão ou sem pagar. Os dois começaram a discutir, e as vozes estavam cada vez mais altas. Nosso "pedido de rejeição" estava rapidamente virando um bate-boca sobre regras e responsabilidades.

Sabia por experiência própria que isso não ia acabar bem, então me intrometi. "Sabemos que é um pedido incomum e que seria perfeitamente normal você dizer 'não'", falei. "Mas realmente ficaríamos gratos se dissesse 'sim'. Apenas queremos ouvi-lo tocar bateria neste estúdio."

O atendente olhou para mim, depois olhou para o teto e então começou a assentir com a cabeça. "OK", falou. E foi assim que ele nos levou até a melhor sala de bateria do estúdio e começou a tocar sua sequência favorita.

O pessoal da equipe de filmagem ficou de queixo caído. Não apenas puderam filmar um experimento de rejeição e uma exibição de bateria, como também viram uma rejeição se transformar em aceitação diante de seus olhos. Depois que agradecemos ao funcionário e saímos do estúdio, a equipe me perguntou que tipo de feitiço eu tinha lançado sobre o cara para fazê-lo dizer "sim" poucos segundos depois de ele ter dito "não" a Ethan.

Levando em conta tudo o que eu tinha aprendido, na verdade aquilo fazia sentido. Discutir com alguém que acaba de dizer "não" provavelmente é o modo menos eficaz de mudar a resposta da pessoa. Na verdade, é quase que uma maneira garantida de obter uma rejeição, porque argumentar sempre transforma possíveis colaboradores em inimigos. Eu abordei o funcionário daquele estúdio de música como um colaborador, e essa mudança na abordagem o fez mudar de ideia. Ao deixar claro que ele tinha liberdade para dizer "não", consegui o "sim" que estava procurando.

MUDE O TOM, NÃO DESISTA

Desistir ou não desistir? Essa é a pergunta que martela a cabeça de quase todo mundo que já fracassou em algo. De um lado, gurus da autoajuda e palestrantes motivacionais insistem na declaração de Winston Churchill: "Nunca se renda, nunca se renda, nunca, nunca, nunca – em nada, seja grande ou pequeno, importante ou não. Nunca se renda". Ou então na declaração de Vince Lombardi, segundo a qual "vencedores nunca desistem e quem desiste nunca vence". Por outro lado, empreendedores modernos pregam uma rápida virada de ideias inatingíveis. O mote deles é "fracasse rápido, fracasse sempre". Os bem-sucedidos autores e economistas Steven Levitt e Stephen Dubner chegaram a dedicar um capítulo inteiro ao "lado positivo da desistência" em seu livro *Pense como um freak*.

Em se tratando de rejeição, há mérito em ambos os argumentos. Em meus 100 dias de rejeição, às vezes não importava que abordagem ou tática tentasse, o "não" continuava sendo "não". Nesses casos, continuar fazendo o mesmo pedido sob as mesmas condições e à mesma pessoa, na esperança de que minha persistência de algum modo mudasse o resultado, quase sempre se provava contraproducente e impraticável.

Mas, em vez de desistir, descobri que dar um passo para trás e tentar de novo, sob circunstâncias diferentes, poderia render um resultado diverso. Chamo isso de "mudar o tom". Enquanto me esforçava para encontrar emprego por um dia, passei por três empresas antes de conseguir um "sim". Quando tentei plantar flores no jardim de alguém, a segunda pessoa abordada, Lauren, me deu o sinal verde. Perguntar a uma pessoa diferente, em vez de tentar convencer a mesma pessoa repetidamente, sem levar em conta suas necessidades e preferências, foi bem mais produtivo.

Outro modo de "mudar o tom" é partir para outro cenário.

Stephon Marbury foi considerado uma grande estrela do esporte desde pequeno. Nascido e criado no Brooklyn, rapidamente ganhou o apelido de "Starbury" pelo talento nas quadras de basquete e era visto como o próximo grande armador da NBA. No ensino médio, recebeu o prêmio "Mr. New York Basketball" e foi nomeado um McDonald's All-American – dois títulos de muito prestígio. Ele também foi retratado em um livro e na capa de um videogame. Depois de um ano na universidade Georgia Tech, ficou em quarto lugar na convocação da NBA[5], em 1996. Na NBA, foi selecionado como All-Star em 2001 e 2003 e levou seu time a jogos decisivos cinco vezes.

O currículo de Marbury parecia o de uma grande estrela do basquete. Mas, na realidade, sua história foi marcada por polêmicas e rejeições, pelo menos na NBA. Assim que entrou na liga profissional, as pessoas começaram a notar seu chamativo estilo de jogo "eu primeiro" e seus frequentes desentendimentos com os treinadores. Logo ganhou a reputação de egoísta. Foi negociado por quatro equipes diferentes antes de ir para o New York Knicks, a equipe na qual sonhava jogar

---

5. *NBA Draft*, no original em inglês. Convocação que determina a ordem de seleção na primeira rodada da NBA. [N. T.]

desde criança. Em pouco tempo chegou às vias de fato com dois treinadores diferentes e foi taxado de "nocivo", "destruidor de treinadores", "idiota" e "fracassado". Era suspenso regularmente e vivia sendo vaiado pelos torcedores.

Apesar de conseguir boas vitórias para seu time, a reputação de Marbury forçou o New York Knicks a cortá-lo. Depois de passar um ano medíocre no Boston Celtics, foi praticamente afastado da liga. Apesar de seu imenso talento, foi rejeitado pela NBA e pelos torcedores depois de 13 anos e cinco times. Parecia que sua carreira tinha acabado.

Stephon Marbury poderia simplesmente viver de todo o dinheiro que já tinha ganhado. Ou poderia tentar se juntar a outra equipe da NBA na tentativa de prolongar sua carreira moribunda. Mas não fez nem uma coisa, nem outra. Em vez disso, escolheu recuar e levar sua carreira para o outro lado do globo: a China.

Na cultura chinesa, que é muito mais reservada, o estilo de jogo e a insolência de Marbury eram vistos como uma liderança muito necessária para uma equipe de basquete. Depois de duas temporadas na Associação Chinesa de Basquete, Marbury fechou com o Beijing Ducks, um time que nunca tinha vencido um campeonato nos 17 anos de história da liga, apesar de ser um dos mais ricos.

Em Pequim, Marbury passou de rejeitado da NBA a lenda local. Como armador titular, fez mais de 30 pontos por jogo e levou o Ducks a vencer o primeiro campeonato em 2012. Antes de aceitar o troféu, foi lançado ao ar pelos colegas do time. Então caiu no choro por mais de 15 minutos no vestiário. "Isso é incrível", ficava repetindo aos repórteres.

Dois anos depois, ele levou o Ducks à sua segunda vitória em um campeonato. Aos 37 anos, Marbury se tornou um herói para os 20 milhões de habitantes da capital chinesa e recebeu do prefeito o título de "Cidadão Honorário de Pequim". Eles até ergueram uma estátua de bronze em sua homenagem em frente ao estádio onde o Ducks joga. Em todos os sentidos, Marbury foi da fama à rejeição, e de volta para a fama.

Você pode dizer o que quiser sobre a personalidade de Marbury, mas sua "mudança de tom" ilustra que há oportunidades depois da rejeição, e que a rejeição nem sempre é o fim da história. Esforçar-se e seguir avançando ou abrir mão e desistir não são as únicas duas opções depois de um "não". Em vez disso, às vezes é preciso recuar e reavaliar seus talentos e sonhos, assim como as condições e o ambiente no qual você vem tentando obter aceitação. Ao contemplar todos esses fatores, você talvez encontre uma nova abordagem que lhe permita enxergar uma ideia sob um novo prisma e receber o "sim" que sempre desejou.

Lições

1. Pergunte "por que" antes de dizer tchau: não encerre o diálogo após a rejeição inicial. A palavra mágica é "por quê": ela geralmente pode revelar o motivo por trás da rejeição e mostrar ao rejeitado que há uma oportunidade de superar o problema.
2. Recue, não fuja: quando você não desiste depois da rejeição inicial, mas recua e formula um pedido menos complicado, surge uma chance bem maior de obter um "sim".
3. Colabore, não discuta: nunca discuta com aquele que rejeita. Em vez disso, tente colaborar com a pessoa para fazer que ela aceite o pedido.
4. Mude o tom, não desista: antes de decidir se vai ou não desistir, dê um passo para trás e faça o pedido a outra pessoa, em um ambiente diferente ou em circunstâncias diferentes.

7

Posicionando-se para um "sim"

A história de Jiro Ono, um japonês de 85 anos que passou a vida inteira aperfeiçoando a arte de fazer sushi, ganhou fama com o documentário *Jiro Dreams of Sushi*, de 2011. Seu pequeno restaurante em Tóquio tornou-se o mais famoso do mundo e um tesouro nacional para o Japão, a ponto de o presidente Obama parar ali em sua visita ao país e declarar que aquele fora "o melhor sushi" que tinha comido na vida.

Um aspecto sobre o restaurante de Jiro que surpreendeu muitos espectadores foi o cansativo e minucioso treinamento de habilidades básicas ao qual os aprendizes eram submetidos antes de trabalhar ali. Primeiro, deviam aprender a espremer da maneira correta as toalhas quentes que o restaurante oferece aos fregueses. As toalhas são tão quentes que queimam as mãos dos aprendizes. Depois que dominam isso, passam dez anos aprendendo a cortar e a preparar o peixe. Uma década lidando com peixes lhes dá o direito de cozinhar ovas. Um aprendiz explicou que teve de produzir mais de 200 sushis de ovas durante vários meses até obter permissão de prepará-los para os fregueses.

A história de Jiro mostra a importância de aprender o básico antes de buscar habilidades mais complicadas e, por fim, dominar a arte.

Se minha arte era lidar com a rejeição, então não desistir depois de um "não" era como espremer a toalha. Tinha aprendido bastante, mas ainda havia muito pela frente. O próximo passo era aprender maneiras diferentes de me posicionar para receber mais vezes "sim".

Já que receber um "sim" envolve persuasão, prometi não amenizar a loucura de meu pedido para torná-lo mais fácil. Não queria conseguir um "sim" fazendo um pedido óbvio e comum. Estava tão mais confiante em comparação ao início da minha jornada que não queria estimular meu orgulho com um "sim" fácil. Em vez disso, queria ver se descobria princípios que tornassem um "sim" mais provável, independentemente do tipo de pedido.

DAR O MEU "POR QUE"
100 DIAS DE REJEIÇÃO: DAR 5 DÓLARES A DESCONHECIDOS EM AUSTIN E TIRAR FOTOS COM ESTRANHOS EM NOVA YORK

> *"As melhores coisas na vida são de graça, mas você pode deixá-las para as aves e as abelhas. Agora me dê dinheiro, é isso que eu quero."*
> – BARRETT STRONG, NA CANÇÃO "MONEY"

Será que as pessoas realmente querem dinheiro, como sugere a canção clássica de Barrett Strong? Se for assim, achei que dar dinheiro – sem pedir nada em troca – seria um gesto recebido com impressionante aceitação. Ao menos, era o que pensava quando me posicionei em uma esquina movimentada no centro de Austin e comecei a oferecer notas de 5 dólares a estranhos que passavam por lá. Não contei a eles o que estava fazendo. Em vez disso, apenas fiquei lá de mão estendida, perguntando se gostariam de ganhar cinco pratas, sem lhes dar nenhum motivo.

A fim de não secar minha conta-corrente, ofereci o dinheiro a apenas cinco pessoas. Eis o resultado:

- Pessoa nº 1: ficou muito feliz e não parava de dizer "É muita bondade sua!" Também se ofereceu para "dar o dinheiro a alguém" quando visse uma pessoa necessitada.
- Pessoa nº 2: me olhou com suspeita e perguntou se era alguma pegadinha. Depois de escutar que não, sorriu e aceitou o dinheiro, mas me disse que eu poderia voltar e pegá-lo se eu precisasse.
- Pessoa nº 3: recusou a oferta sem rodeios, dizendo "Não preciso de 5 dólares". Antes de ir embora, apontou para um abrigo de pessoas sem-teto nas proximidades. "Há muitos caras na rua que morreriam por 5 dólares. Por que não dá para eles?"
- Pessoa nº 4: ele me perguntou para que eram os 5 dólares. "Para nada", falei. O sujeito foi embora rapidamente.
- Pessoa nº 5: ela também me perguntou para que era o dinheiro. De novo, falei: "Nada". Ela riu sem graça e foi embora.

No fim, duas pessoas disseram "sim" e três disseram "não".

Logo depois, levei minha tia, que estava me visitando nos Estados Unidos, para uma viagem a Nova York, uma cidade sempre lotada de gente. Em todos os lugares – Times Square, Central Park, o prédio do Empire State – vimos pessoas posando para fotos. Muitas vezes a pessoa que tirava a foto pedia educadamente para estranhos que saíssem do enquadramento ou simplesmente esperava até que passassem. Era como se todo mundo estivesse se esforçando para mostrar que eram as únicas pessoas visitando o monumento naquele instante. Ver isso acontecendo vezes seguidas me deu uma ideia. Já que os nova-iorquinos fazem parte do que é Nova York tanto quanto os prédios da cidade, por que não lhes pedir aleatoriamente se eu poderia tirar uma foto com eles na rua, com minha tia como fotógrafa?

Durante algumas horas, pedi a dezenas de pessoas ao acaso que posassem comigo. Elas variavam amplamente em etnia, gênero e idade. Algumas não falavam muito bem o inglês. O único fator comum foi o modo como eu as abordei. Disse que queria tirar uma foto com elas porque acreditava que as pessoas eram parte integrante de uma cidade.

Algumas pensaram inicialmente que eu tinha pedido que tirassem uma foto *para* mim e ficaram surpresas ao descobrir que eu as queria na foto *comigo*. Outras hesitaram um pouco a princípio e pararam para entender melhor esse meu pedido incomum.

Mas quem mais se surpreendeu fui eu, porque todas disseram "sim".

Muita gente acha que o motivo de eu ter recebido tantos "sim" durante minha jornada é porque morava em Austin, no Texas, um lugar com reputação de habitantes sociáveis e peculiares. Para elas se tratava de um efeito da hospitalidade sulista, e diziam que se eu fizesse os mesmos pedidos em um lugar como Nova York ou qualquer outra cidade na Europa seria certamente rejeitado.

Em alguns casos, podem ter razão. Mas fui rejeitado muitas vezes em Austin – às vezes, quando menos esperava, como quando tentei dar as notas de 5 dólares. Mas agora ali estava eu em Nova York, fazendo um pedido que não oferecia vantagem a ninguém, e todo mundo que abordei concordou em posar para uma foto.

À primeira vista, isso não fazia sentido. Mas, depois de rever os vídeos, reparei numa diferença marcante entre o pedido para a foto em Nova York e a doação de dinheiro em Austin. Em Nova York, eu tinha dito a cada um dos estranhos na calçada *por que* estava pedindo que saíssem comigo na foto: eu queria incluir pessoas, não apenas monumentos, na fotografia. Não tinha deixado para eles o trabalho de adivinhar o motivo que me havia levado a fazer o pedido. Por causa disso, eles reagiram de maneira positiva, mesmo que o pedido tenha se afastado do comportamento social normal ao qual estavam acostumados.

Tinha começado a perceber que perguntar "por que" às pessoas depois de receber uma rejeição me ajudava a entender o raciocínio delas e, às vezes, a transformar um "não" em um "sim", ou em uma oferta ainda mais interessante. Agora, estava descobrindo que explicar abertamente o *meu* "por que" surtia um efeito similar. Não fui o primeiro a notar isso.

Em 1978, Ellen Langer, uma psicóloga de Harvard, conduziu um experimento que revelou esse mesmo ponto. Nele, ela abordava pessoas que esperavam numa fila para usar uma máquina de Xerox, perguntando-lhes se poderia passar na frente para tirar cópias. Ela queria verificar se a maneira como fazia o pedido tinha efeito sobre a resposta das pessoas. Quando ela disse: "Com licença, tenho cinco páginas. Posso usar a máquina de Xerox?", 60% das pessoas deixaram que ela passasse na frente. Quando ela explicou seu motivo, dizendo "Com licença, tenho cinco páginas. Posso usar a máquina de Xerox porque estou com pressa?", o índice de "sim" aumentou para 94%. Em sua terceira variação, ela também deu um motivo, mas de forma proposital fez com que parecesse ridículo: "Com licença, tenho cinco páginas. Posso usar a máquina de Xerox porque tenho de fazer cópias?" Surpreendentemente, o número de pessoas que aceitou seu pedido ficou por volta dos 93%.

O experimento de Langer – apelidado de "A máquina de copiar" – tornou-se um estudo de referência na psicologia. Demonstra que as respostas a um pedido são profundamente influenciadas pelo motivo que existe por trás dele, não importa qual seja. Tudo o que vivenciei durante minha jornada de rejeição reforçou isso. Quando dava às pessoas um motivo para meu pedido, independentemente do quão absurdo fosse, tinha mais chance de receber um "sim".

Mas muita gente pula esse passo – inclusive eu. Olhando para trás, fico impressionado ao ver o número de vezes em que não ofereci um motivo para o meu pedido, geralmente porque supus que a outra pessoa já o conhecesse ou que não iria querer saber qual era. Às vezes, estava tão compenetrado fazendo o pedido que nem me ocorria que precisava explicar meu entusiasmo para alguém. Em outras ocasiões, revelar meu raciocínio me deixava vulnerável demais. E às vezes não tinha certeza sobre o motivo ou não conseguia expressá-lo.

COMECE COM "EU"

É claro que o experimento de Langer apenas considerou o desafio pela perspectiva da pessoa que fazia a pergunta. Os motivos que ela deu se originavam de seu desejo e necessidade, por mais absurdos ou lógicos que fossem, e ignoravam as necessidades das pessoas que já estavam na fila para tirar cópias. Então me perguntei: o que aconteceria se o motivo que eu oferecesse não tivesse relação comigo, mas *com elas*, as pessoas a quem eu estava fazendo o pedido?

Em seu clássico livro *Como fazer amigos e influenciar pessoas*, Dale Carnegie defende que a pessoa deve se "tornar genuinamente interessada pelo outro" e "falar em termos do interesse do outro". E se eu aplicasse esses princípios a um desafio de rejeição? Se o motivo que eu desse fosse mais ao encontro dos interesses e necessidades da outra pessoa do que dos meus, isso aumentaria minhas chances de receber um "sim"?

100 DIAS DE REJEIÇÃO: CORTAR O CABELO DE UM CABELEIREIRO

Nem todos os meus experimentos foram para meu videoblog – como a rejeição inspirada em Dale Carnegie. Isso porque, desde o começo, tudo o que poderia dar errado deu.

Minha ideia era entrar em um salão de beleza e perguntar à cabeleireira se ela gostaria que eu cortasse o cabelo dela, a fim de quebrar a monotonia do seu dia. Então, foi exatamente isso o que fiz. Depois de trocar algumas palavras com uma cabeleireira – uma vietnamita com tesouras bem afiadas nas mãos –, lancei minha pergunta:

"Posso cortar seu cabelo?"

"Você quer cortar meu cabelo?" Ela sorriu de leve, dando a entender que estava achando engraçado.

Então eu disse o que na hora me pareceu um motivo ótimo e generoso:

"Sim. Tenho certeza de que você cortou o cabelo de milhares de pessoas e deve estar aborrecida com o trabalho e imaginando como é estar do outro lado", expliquei. "Eu posso cortar seu cabelo, e garanto que vai ficar bom."

A cabeleireira, que claramente se orgulhava de seu trabalho, transformou o sorriso em uma careta mais rápido do que pude terminar minha frase.

"O que você quer dizer com devo estar aborrecida? Adoro meu trabalho!", retrucou.

O cliente cujo cabelo estava sendo cortado por ela sentiu a indignação da cabeleireira e galantemente saiu em sua defesa. Começou a dizer palavrões, acusando-me de interromper o trabalho dela e me chamando de nomes impublicáveis.

Sem dúvida, meu pedido era bizarro, mas eu não esperava entrar em um confronto de dois contra um. Foi difícil permanecer calmo em meio a tantos xingamentos e acusações raivosas. Tentei explicar que tudo o que queria era criar um clima leve e divertido, e que só pretendia cortar uma mecha do cabelo dela.

Mas era tarde demais. Não importava o que dissesse, não poderia mudar a química daquela discussão e transformá-la em um diálogo colaborativo.

No fim, pedi desculpas e saí. Estava com um humor bem azedo, não porque tinha sido rejeitado, mas porque uma experiência que deveria ter sido engraçada se transformara rapidamente em algo bem desagradável. Senti pena da cabeleireira, cujo dia feliz tinha sido perturbado porque eu dissera a coisa errada. A julgar por sua reação inicial, ela talvez até tivesse dito "sim" se eu tivesse oferecido um motivo genuíno.

Por causa da linguagem obscena do freguês, nunca postei esse vídeo no meu blog. A última coisa que queria era usar minha presença nas mídias sociais para fazer alguém passar vergonha. Já me sentia mal o bastante com as acusações.

O "incidente da cabeleireira" me ensinou lições importantes (uma delas, obviamente, é nunca subestimar o orgulho que uma cabeleireira tem de seu trabalho). Mas a verdadeira lição foi esta: na verdade, eu não tinha conhecimento dos interesses e das necessidades daquela moça. E, naquele momento, fiz algumas suposições que se mostraram incorretas. O motivo que eu havia fabricado tinha errado o alvo por um quilômetro. Por que um cabeleireiro profissional iria deixar um estranho cortar seu cabelo e se arriscar a estragá-lo? Ela também adorava seu trabalho, e minha sugestão de que talvez estivesse "entediada" e precisasse de alguém para "criar um clima mais leve" fora recebida como um insulto. Tenho certeza de que há cabeleireiras entediadas que adorariam uma folga em sua rotina, mas não aquela, e, de qualquer maneira, eu não deveria ter definido seu trabalho em termos negativos.

Além disso, mesmo que ela quisesse uma folga, deixar que um desconhecido cortasse seu cabelo seria a última coisa que ela associaria a uma folga relaxante. Ter me oferecido para cantar para ela ou varrer seu salão teria sido uma proposta bem melhor.

Mas o que mais me aborreceu no incidente foi perceber que eu não tinha de fato pensado sobre a necessidade da outra pessoa. Quis que essa rejeição fosse sobre o outro, mas na verdade não havia proposto nada que pudesse realmente fazer a seu favor. Eu apenas estava pedindo para realizar o próprio desejo que *eu* tinha de fazer um pedido maluco.

***

James Pennebaker, psicólogo social da Universidade do Texas em Austin, certa vez realizou uma pesquisa sobre o modo como as pessoas usam pronomes em seus e-mails. Ele descobriu que, quanto mais as pessoas usam o pronome "eu", mais falam a verdade e são percebidas assim. Por outro lado, quanto mais as pessoas usam "você" ou "ele/ela/eles" como sujeito de uma frase, mais é provável que não estejam falando a verdade. Não é de estranhar que quando bancos ou empresas enviam uma carta com notícias ruins, seja aumentando a tarifa ou reduzindo um benefício, e começam o texto usando "para melhor servi-lo", nunca acreditamos neles.

Quando pedi "100 dólares emprestados", "um refil de hambúrguer" ou "jogar futebol em seu quintal", não tentei sugerir motivos para demonstrar como dizer "sim" beneficiaria a outra pessoa. As pessoas, por sua vez, disseram "sim" ou "não", mas ninguém ficou aborrecido nem se sentiu desvalorizado. Ao começar meu pedido com "eu", garanti que entendessem que eu estava pedindo um favor, e não tentando lhes fazer um favor que não parecia verdadeiro.

RECONHEÇA AS DÚVIDAS

Mais uma vez, o incidente com a cabeleireira trouxe à tona a questão da confiança e do conforto, um dos temas mais importantes que esteve presente durante toda a minha jornada. Comecei a reconhecer um tipo de expressão que passava pelo rosto das pessoas assim que ouviam um de meus pedidos: uma mistura de surpresa, confusão e suspeita. Quase conseguia vê-las me analisando e se perguntando: *Como vou saber se esse cara não tem más intenções? Como vou saber se ele não está tentando me vender uma ponte, me recrutar para um culto ou roubar minha identidade?* Sendo alguém que lutava contra meu próprio medo de rejeição, sabia que não oferecia perigo às pessoas que abordava. Mas como poderia garantir que *elas* soubessem disso? Como torná-las mais confortáveis ao falar comigo?

100 DIAS DE REJEIÇÃO: SER UM RECEPCIONISTA NA STARBUCKS

Sou um grande fã de "recepcionistas" – aquelas pessoas amigáveis e prestativas posicionadas dentro de lojas gigantes como o Walmart e que, de maneira mágica, sabem exatamente onde você pode encontrar o que está procurando. Sempre gostei de ser recebido com um "olá" quando entro em lojas que, se não fosse por isso, poderiam parecer imensas e amedrontadoras, e certamente ajuda ter alguém por perto para me orientar.

Eu não vou muito ao Walmart. A Starbucks, ao contrário, é um de meus locais favoritos. É sempre confortável e convidativa, e adoro o café de lá. A Starbucks não tem recepcionistas, e duvido que venha a ter, mas pareceu uma boa opção para um experimento de rejeição.

Então, um dia me arrisquei na Starbucks do meu bairro e perguntei ao barista se poderia ficar ao lado da porta por cerca de uma hora como "recepcionista da Starbucks". O nome do barista era Eric. Como era de esperar, ele teve dificuldade em entender meu pedido. Eu podia sentir que ele queria me deixar fazer aquilo, mas não tinha certeza das minhas intenções. Percebendo seu dilema, tentei deixá-lo mais confortável.

"Isso é estranho?", perguntei.

"Sim, é um pouco estranho", ele respondeu, quase aliviado. Reconhecer que o que eu pedia era estranho pareceu colocá-lo à vontade. "Você não está tentando vender nada, certo?", perguntou. Então me contou que uma vez uma mulher se colocou à porta, tentando vender produtos para os fregueses, e tiveram de pedir que ela fosse embora. Eric não queria repetir essa experiência, e, em parte, sua hesitação vinha da lembrança daquela situação complicada.

Eu lhe garanti que não estava tentando vender nada; apenas gostava do café deles e queria ajudar as pessoas a desfrutar ainda mais a experiência de estar na Starbucks. Por fim, Eric concordou: "Não vejo por que não", falou. "Contanto que não vire algo ridículo."

Durante uma hora fiquei parado na porta, recebendo todos os clientes que entravam com uma saudação e um sorriso. Cheguei mesmo a tentar frases diferentes como "Bem-vindo à Starbucks!" e "Temos o melhor café do mundo!" A maioria me ignorou completamente (embora um freguês tenha brindado a mim com sua xícara de café). Mas não me importei. Como recepcionista, não precisava de muito para ser feliz.

Embora pareça paradoxal, reconhecer a dúvida alheia pode ajudar sua causa, não prejudicá-la. Demonstrar para Eric que eu sabia que meu pedido era "estranho" realmente me trouxe um tipo diferente de credibilidade. Primeiro, porque provou a ele que eu não era maluco e que estávamos mais ou menos em sintonia. Mas também revelou honestidade e empatia da minha parte, dois sentimentos cruciais para inspirar confiança. Quando perguntei "Isso é estranho?", Eric se tranquilizou e se tornou receptivo ao meu pedido, e ele também teve a chance de ser honesto comigo e me explicar quais eram suas restrições. Essa conversa, por sua vez, me deu a oportunidade de lhe garantir que me deixar ser o recepcionista não seria ruim nem para ele, nem para os clientes, nem para a loja. No final, a possibilidade de conseguir um "sim" ficou muito maior.

Embora pareça fácil, reconhecer com antecedência as dúvidas de outra pessoa pode ser algo muito difícil de fazer no calor do momento. Antes de começar minha jornada de rejeição, sempre que pedia algo a alguém – fosse um emprego, um financiamento ou comprar algo que estivesse à venda – não queria trazer à tona nem discutir eventuais dúvidas e perguntas que as pessoas pudessem ter. Achava que ao fazer isso estaria comprometendo minha causa e lhes dando um motivo para dizerem "não". Esperava que, ao *não* mencionar essas dúvidas, elas simplesmente desaparecessem ou ao menos permanecessem escondidas. Mas, na maioria dos casos, as dúvidas das outras pessoas não desaparecem sozinhas. Em vez disso, podem se prolongar, e é mais provável que se tornem o verdadeiro motivo de uma rejeição se você não assumir o controle sobre elas.

É claro que não sou o primeiro a descobrir que admitir as dúvidas dos outros pode reforçar em vez de destruir sua credibilidade. As empresas jogam com esse princípio o tempo todo. Veja a pizzaria Domino's. Em uma pesquisa de 2009 sobre as preferências dos consumidores entre as redes nacionais de pizzaria, a Domino's empatou em último lugar com a Chuck E. Cheese's. Logo depois, a Domino's refez completamente suas receitas e seu cardápio, mas a campanha publicitária em rede nacional que se seguiu a isso não promoveu nem o ineditismo, nem o frescor, nem a excelência das novas pizzas. Em vez disso, criticou brutalmente os antigos produtos da empresa, divulgando o *feedback* de consumidores que tinham usado palavras como *produzida em massa, monótona, insossa* e *esquecível.*

Lembro-me de ver aqueles anúncios e pensar que, se a Domino's estava sendo tão sincera sobre como sua pizza costumava ser ruim, então deveria haver algo em sua recriação. Cheguei a ir até a Domino's só para experimentar a nova pizza por essa razão. E não fui o único. A sincera campanha de relançamento da empresa foi um enorme sucesso. Um ano depois, e em plena recessão, a Domino's ressuscitou seu negócio e experimentou um lucro trimestral histórico de 14,3% nas vendas – o maior salto já registrado por uma rede de fast-food.

Seja qual for a situação, reconhecer abertamente a dúvida das pessoas pode ser um modo poderoso de conquistar a atenção, a confiança e, geralmente, a aceitação delas. Também é um modo de dissipar o medo e o nervosismo que você sente quando faz um pedido. Ao ser sincero e reconhecer o ceticismo que as outras pessoas possam estar sentindo, você ajuda a tranquilizá-las, a *se* tranquilizar e a aumentar sua credibilidade ao mesmo tempo.

Claro que é possível que, mesmo se eu fizer tudo direitinho para me colocar na posição certa, inclusive expondo meus motivos, começando a sentença com "eu" e reconhecendo as dúvidas alheias, a outra pessoa ainda assim pode me rejeitar. Às vezes, ela vai rejeitá-lo independentemente do que você fizer, e às vezes ela não precisa ou não quer o que você está oferecendo.

Mesmo assim, há uma coisa que você pode fazer para aumentar as chances de ganhar um "sim". Você não pode mudar as pessoas, mas pode escolher sabiamente seu alvo.

MIRE O PÚBLICO
100 DIAS DE REJEIÇÃO: DAR UMA AULA NA FACULDADE

A árvore genealógica da minha família está repleta de professores. Na verdade, meu tataravô fundou, há mais de cem anos, uma das Academias Confúcio mais influentes da China. Meus avós, pai e tios lecionaram em faculdades ou escolas secundárias. Eu costumava brincar dizendo que seria o primeiro capitalista verdadeiro na família porque sonhava me tornar empreendedor em vez de seguir a genealogia e ser mais um professor. Embora nunca tenha pretendido me pressionar, quando eu era criança minha avó mencionava vez ou outra como seria ótimo para mim se eu também me tornasse professor.

Então, sempre imaginei como seria dar aulas em uma faculdade. Durante meus 100 dias de rejeição, tive a sensação de ter aberto uma janela em minha vida para pedir o que quisesse. Se eu conseguira donuts olímpicos e encontrara emprego em uma tarde, por que não poderia tentar me tornar um professor por uma hora?

Preparei meu currículo e um cartão de visitas e elaborei uma aula em PowerPoint em meu iPad (o tópico, claro, era como lidar com a rejeição). Então, certa tarde, vesti minha camisa favorita e segui para a Universidade do Texas em Austin.

Comecei pela Faculdade de Administração. Achei que minha experiência como ex-aluno de Administração e atual empreendedor poderia funcionar como uma ligação maior com os professores dessa faculdade. Entretanto, logo descobri que a faculdade estava de férias e não havia praticamente nenhum professor à vista. Peguei a lista dos docentes e comecei a ligar para professores de outros departamentos, apenas para falar com alguém. Escolhi um professor da Faculdade de Comunicação chamado dr. Joel Rollins. Na época, ele lecionava prática de debate.

Quando atendeu minha ligação, perguntou se eu estava tentando lhe vender algo. Garanti que não, mas que queria oferecer a seus alunos uma aula que poderia lhes abrir uma nova perspectiva sobre comunicação. Parecendo em dúvida, mas um pouco intrigado, Rollins disse que me concederia cinco minutos para uma reunião em seu escritório.

Durante a reunião, expliquei que era um empreendedor local e blogueiro. Peguei meu iPad e mostrei para ele o esboço da aula sobre rejeição que daria a seus alunos se ele consentisse. Ele deu uma olhada e pareceu impressionado com minha preparação. Disse que o tema provavelmente não era adequado para sua aula, mas que poderia ser útil em outro curso de comunicação e mudança social que ministraria no semestre seguinte. Porque "pessoas em movimento [...] são bastante rejeitadas quando estão tentando começar algo".

Depois de conversar um pouco mais, Rollins concordou em me encaixar no programa. Não podia acreditar que estava prestes a realizar um de meus sonhos só porque havia pedido. Estava prestes a lhe dar um abraço, mas me contive para não demonstrar demasiado entusiasmo. Durante meus dias de faculdade, tinha aprendido que nunca era bom enlouquecer na frente de um professor.

Um mês depois, quando o novo semestre começou, Rollins me ligou para marcarmos a data da aula. Quando desliguei o telefone, sabia que meu momento tinha finalmente chegado.

Certa vez, quando eu era jovem, minha avó leu para mim um conto emocionante. Chamava-se "La Dernière Classe" ("A Última Aula"), de Alphonse Daudet. Era a história de um professor francês chamado Monsieur Hamel que dava a última aula a seus alunos. A França havia perdido a Guerra Franco-Prussiana e fora obrigada a ceder território ao inimigo. No dia seguinte, a escola começaria a ensinar em alemão em vez de em francês. Monsieur Hamel se vestiu para a ocasião e deu a melhor aula de sua vida.

Essa não era minha última aula – era a primeira –, mas, inspirado em Monsieur Hamel, também me vesti para a ocasião, usando minha camisa favorita. Na aula, expliquei que as pessoas são resistentes a mudanças, principalmente quando envolve poder e tradição, e que por isso as ideias e os movimentos mais importantes em geral recebem as rejeições mais violentas. Citei como exemplos o apóstolo Paulo e Martin Luther King Jr., e contei como eles transformaram rejeições em oportunidades, mudando o mundo ao fazer isso. Encorajei os alunos a não desistirem facilmente diante de um "não" e a serem espertos para conseguir um "sim".

Quando a aula terminou, os estudantes me deram uma calorosa salva de palmas, e o professor Rollins me envolveu em um abraço (*isso foi uma surpresa!*). Minha esposa, Tracy, também estava lá. Enquanto deixávamos a sala de aula juntos, eu secava as lágrimas. Senti que o espírito de minha avó estava ali, naquela sala, me vendo naquele dia. E sabia que ela estava orgulhosa de mim.

Foi difícil fazer uma autoanálise depois de um episódio tão emotivo. Até hoje ainda não consigo acreditar que coisas que significam tanto para mim possam acontecer tão depressa, se eu apenas pedir.

Entretanto, sei que fiz uma coisa que me ajudou, e foi uma das lições mais importantes que aprendi em meus 100 dias de rejeição: mirar o público certo.

Antes de me encontrar com o professor Rollins, tinha passado alguns dias trabalhando no material da aula que daria a universitários hipotéticos em uma aula hipotética. Tinha me imaginado como professor, canalizado minha árvore genealógica e dado o melhor de mim naquele trabalho. Eu fizera tudo isso sem saber se faria minha apresentação ou sequer se ela seria vista por alguém. Também me vesti de acordo com a situação e preparei um currículo bem-feito, que destacava minha experiência, fatores que contribuíram para minha credibilidade durante a primeira reunião com o professor. Provei que não era apenas um cara maluco com um desejo maluco, ou um piadista em busca de risadas.

Mas, por mais preparado que estivesse, sabia que as chances de convencer um professor a deixar um estranho fazer uma palestra a seus alunos eram muito pequenas. Para aumentá-las, foquei meu pedido naquele que me parecia o público mais receptivo. Pensando que a Faculdade de Administração provavelmente valorizaria mais minha mensagem, comecei por ali. Quando isso não funcionou, por causa da época de férias, mudei para minha segunda melhor escolha: a Faculdade de Comunicação. O professor Rollins me recebeu de braços abertos, e o mesmo fizeram seus alunos. Mas, se tivesse escolhido um professor da Faculdade de Enfermagem, poderia ter recebido uma rejeição imediata.

Em outras palavras: mirar o público-alvo certo faz toda a diferença.

Alguns anos atrás, o colunista Gene Weingarten, do *Washington Post*, realizou um experimento intrigante que rapidamente se tornou viral. Ele pediu a Joshua Bell, violinista e regente premiado com o Grammy, que executasse uma peça ao violino em uma movimentada estação de metrô de Washington, vestido como um músico de rua comum. Bell é um dos violinistas mais renomados do mundo, e as pessoas pagam centenas de dólares para assistir a seus concertos. Weingarten fez com que ele tocasse anonimamente para um punhado de usuários apressados do metrô. Será que eles iriam parar, reconhecer o gênio e agradecer aos céus por poderem ouvir uma atuação magistral de graça? Ou nem iriam notar?

Usando uma camiseta, calças jeans e um boné de beisebol, Bell se esforçou. Durante sua atuação de 45 minutos no metrô, 1.097 pessoas passaram pelo local onde o violinista tocava. Apenas sete pararam para ouvir, e apenas uma reconheceu Bell.

Muita gente atribuiu esse resultado à falta de interesse dos usuários do metrô por música clássica ou ao foco exclusivo que as pessoas têm na logística do uso do metrô. Outra razão foi o anonimato de Bell e, assim, sua falta de credibilidade.

No entanto, ninguém pode negar que a atuação mirou a plateia errada. Poucos dias antes, Bell tinha se apresentado no prestigiado Centro John F. Kennedy e fora ovacionado de pé. O contraste não poderia ser mais impressionante.

É claro que é difícil fazer uma comparação direta entre a tentativa de me vender como professor pela primeira vez e um violinista de primeira linha fazendo o que faz de melhor. No entanto, os dois exemplos demonstram o princípio de mirar o alvo. Não importa quão espetacular seja sua atuação ou seu produto; se você mirar o público errado, que não reconhece, não valoriza ou não precisa desse valor, seus esforços serão desperdiçados e rejeitados.

Lições

1. Dê o seu "por que": ao explicar o motivo por trás do pedido, tem-se uma chance maior de que ele seja aceito.

2. Comece com "eu": começar o pedido com a palavra "eu" pode dar ao solicitante um controle mais autêntico do que está pedindo. Nunca finja pensar nos interesses do outro sem conhecê--los verdadeiramente.

3. Reconheça as dúvidas: quando você admite as objeções óbvias e possíveis a seu pedido antes que o outro o faça, pode aumentar o nível de confiança entre as duas partes.

4. Mire o público-alvo: ao escolher um público mais receptivo, pode-se aumentar a chance de ser aceito.

8

Falando "não"

Depois de semanas repletas de experimentos de rejeição, tornou-se uma rotina divertida levantar todos os dias em busca de novas maneiras de ser rejeitado. Ainda havia certo medo, mas eu estava aprendendo muito sobre psicologia, negociação e persuasão. E o desafio de vivenciar e testar constantemente meu conhecimento crescente – para então compartilhá-lo com os leitores – ainda era muito empolgante. Pelos padrões de Jiro Ono, eu estava pronto para começar a servir sushi de ovas aos fregueses.

Ainda assim, me peguei imaginando se estava perto de algum tipo de ápice, se o ritmo do meu aprendizado poderia diminuir porque tinha aprendido tudo que havia para aprender sobre rejeição.

Isso até poderia ser verdade, não fosse uma minicrise que estava se formando em minha vida.

Ainda recebia muitos e-mails e comentários de leitores e seguidores através das redes sociais, e fazer uma triagem desse material tinha se tornado uma ocupação de tempo integral. Realmente me sentia honrado por tantas pessoas quererem compartilhar comigo suas histórias, ou me fazer perguntas sobre minhas experiências. Apreciava o fato de elas se exporem e realmente gostava da interação e do aprendizado resultantes do fato de ajudar outras pessoas.

Mas, por ter tornado tão pública minha luta contra a rejeição – e ter me transformado em um ferrenho defensor da ideia de que não se deve ter medo de pedir as coisas –, também virara alvo de vários pedidos. As pessoas começaram a me pedir sessões de treinamento, emprego e a oferecer parceria em negócios. Alguns dos pedidos eram bem estranhos. Alguém pediu que eu divulgasse seu produto, e outro que eu passasse um fim de semana com ele em sua casa. Muitos desses pedidos começavam com "Jia, já que você me ensinou a não ter medo da rejeição, aqui vai minha própria versão da terapia da rejeição. Você [insira a pergunta]?"

No início, eu dizia "sim" a tudo o que parecia factível. Mas, com o passar do tempo, atender a esses pedidos começou a dominar minha vida. Tinha cada vez menos tempo para meu blog, minha família e para mim mesmo. A própria quantidade de pedidos começou a pesar, e me sentia menos entusiasmado nas respostas que dava. Com tantas pessoas querendo tanto de mim, às vezes eu dizia "sim", mas não fazia um bom trabalho cumprindo o prometido, e isso também me chateava.

Por fim, percebi que tinha de começar a dizer "não" só para recuperar o equilíbrio da minha vida. E isso não foi nada divertido.

Devido ao medo de rejeição que senti a vida toda, não é nenhuma surpresa que eu nunca tenha gostado de dizer "não" aos outros. Ser a pessoa que *rejeitava* não me fazia sentir melhor do que estar do outro lado. Na verdade, eu me sentia um cretino. Assim que me aprofundei em minha jornada de rejeição, dizer "não" também me fez achar que eu era hipócrita. Ali estava eu, ensinando as pessoas a pedir o que quisessem, e então me recusando a dizer "sim" para elas. Detestava isso.

Além do mais, eu era muito, mas muito ruim em dizer "não". As pessoas me enviavam cartas ou pedidos de vários parágrafos. Diante disso, responder com um breve e rápido "desculpe, não posso fazer isso" parecia desrespeitoso. Mas era impossível gastar o mesmo tempo e esforço que elas haviam investido para formular esses pedidos. Simplesmente, não sabia o que fazer.

Maus hábitos se instalam logo. Comecei a adiar o momento em que escreveria as respostas, dizendo a mim mesmo que lidaria com elas depois. Às vezes, me esquecia disso por completo, mas, na minha mente, sempre restava aquela sensação incômoda de que devia algo a alguém, e muitas vezes não conseguia dormir por causa disso. Em pouco tempo, cada vez que recebia um e-mail com o pedido de alguém, ficava temeroso em vez de empolgado.

Certo dia, fui visitar uma amiga da faculdade. Fazia dez anos que não nos víamos, e estávamos muito contentes em nos reencontrar. Quando estudávamos juntos, ela me contara sobre seu sonho de ser mãe e dirigir sua própria organização sem fins lucrativos para mulheres necessitadas. Tinha concluído a faculdade e feito pós-graduação com esse objetivo. Agora, tinha duas filhas lindas. Embora não dirigisse sua organização sem fins lucrativos, trabalhava como voluntária em várias entidades sociais. Mas estava longe de viver seu sonho.

Minha amiga me confidenciou quanto tinha de fazer como voluntária. As organizações para as quais trabalhava tinham boas intenções e objetivos nobres, mas quem as comandava preferia sempre mandar outra pessoa fazer o trabalho pesado – geralmente, ela. Quando perguntavam se ela poderia trabalhar mais horas do que fora combinado, ela não sabia como recusar. Mas, quando assumia todos os encargos, seu ressentimento começava a crescer. Sempre que conseguia dizer "não", isso confundia seus colegas, porque não era consistente com o que tinha feito no passado. Esse dilema a prejudicava no trabalho que estava fazendo – e também comprometia seu sonho. Ela me disse que estava pronta para pedir demissão e se afastar de tudo por um tempo.

Essa revelação me chocou, não só porque era triste vê-la infeliz, mas também pela similaridade de sentimentos que experimentávamos sobre não sermos capazes de dizer "não" aos pedidos bem-intencionados dos outros. Percebi que, se não resolvesse minha relutância em rejeitar as pessoas, poderia terminar desistindo também. Poderia até mesmo sabotar sem querer o trabalho que estava fazendo, porque na raiz do problema estava a mesma questão com a qual me debatia o tempo todo: o medo da rejeição. Não tinha medo de dizer "não". Tinha medo da reação das pessoas, principalmente de seu desapontamento e sua raiva. Em outros termos, tinha medo de que elas me rejeitassem por causa da minha rejeição.

Então comecei a assistir aos meus vídeos, examinando o modo como todas as pessoas que eu tinha abordado haviam me rejeitado. Logo descobri que nem todas as rejeições tinham ocorrido da mesma maneira. Havia as boas e as más. Algumas pessoas tinham me rejeitado de um modo rude e indiferente, mas outras tinham dito "não" com tanta delicadeza e bondade que haviam me levado a gostar delas mesmo apesar do "não". Esses "bons" rejeitadores tinham algo a ensinar, e assisti àqueles vídeos diversas vezes até ter absorvido por completo suas lições.

100 DIAS DE REJEIÇÃO: FAZER UMA PERMUTA COM UM *PERSONAL TRAINER*

Um dos vídeos que mais estudei foi o experimento de rejeição que fiz com um *personal trainer* chamado Jordan.

Antigamente, antes da introdução da moeda, o escambo era um dos sistemas mais usados para a troca de bens e serviços. No mundo atual, dominado por cartões de crédito e transações digitais, me perguntei se a permuta ainda funcionaria, mesmo que em casos isolados. Então, fiz um experimento com base nisso.

Meu objetivo era conseguir que um *personal trainer* me desse uma hora de treinamento de graça sem que eu me matriculasse na academia. Em troca, eu me prontificava a lhe ensinar, durante uma hora, tudo o que sabia a respeito de empreendedorismo e de como manter um blog.

Entrei numa academia da rede 24 Hour Fitness e comecei a procurar meu alvo. Foi quando vi Jordan, um rapaz alto, jovem e com bíceps salientes.

Jordan me escutou com paciência quando propus a troca de serviços, e rapidamente explicou que não poderia aceitar essa permuta por causa da política da empresa, que o proibia de oferecer treinos gratuitos. Mas se mostrou prestativo. Sugeriu que, se eu me matriculasse, teria uma hora de treinamento gratuito como parte da "orientação de treino" da academia.

Eu não queria me matricular; isso meio que acabaria com o propósito do experimento. Então fiz um recuo estratégico e tentei uma abordagem diferente: "Se você não pode fazer isso aqui, podemos ir a outro lugar?"

Jordan sacudiu a cabeça, parecendo realmente desconsolado. Ele contou que havia assinado uma cláusula de não concorrência, e que com certeza seria demitido se ministrasse treinos por conta própria em outro lugar que não na academia.

Definitivamente, eu não queria que Jordan fosse demitido, mas antes de ir embora quis saber se minha oferta inicial tinha algum valor para ele. "Você se interessa por empreendedorismo e por criação de blogs?", perguntei.

"Não. Na verdade, não. Quero seguir a carreira de bombeiro", respondeu.

"É uma ótima carreira", falei com sinceridade. "Tenho um enorme respeito pelos bombeiros. São heróis!"

"Obrigado, fico grato", respondeu. Então ele fez algo totalmente inesperado:

"Tenho o cartão de uma amiga que é dona da própria academia", disse. "Sei que eles têm instrutores, então você pode aparecer por lá. Eles não assinaram contrato com nenhuma rede e são uma empresa privada. Talvez possam fazer isso."

Ele encontrou o cartão de visitas da amiga e me deu. Liguei para o número no cartão e logo recebi uma oferta para treinar de graça.

A generosidade de Jordan não foi o que me surpreendeu. O que me surpreendeu foi o modo como ele rejeitou meu pedido inicial. Ele não foi desdenhoso, apesar de não estar interessado no meu pedido. Ele me escutou e mostrou que me levava a sério ao me dar os reais motivos pelos quais estava dizendo "não". Senti-me valorizado ao ver como ele usou sua habilidade de resolver problemas e fez o que podia para me ajudar a conseguir o que eu queria. O "não" de Jordan pareceu quase um "sim". Na verdade, Jordan havia feito "uma rejeição perfeita".

PACIÊNCIA E RESPEITO

O que mais me impressionou em Jordan foi sua postura com relação a mim. Mesmo eu tendo tentado várias vezes e de diversas maneiras obter o que queria, a atitude dele continuou calma e respeitosa, e é difícil ficar infeliz quando o outro é tão simpático o tempo todo. Ser paciente e respeitoso ao dizer "não" é um conceito muito simples, mas é surpreendente a frequência com que *não* o colocamos em prática.

Veja, por exemplo, a história de Kelly Blazek, uma executiva na área de comunicação e marketing. Há poucos anos ela criou o Cleveland Job Bank, um grupo do Yahoo! que ajuda a conectar candidatos a emprego nas áreas de comunicação e marketing, na região de Cleveland, com as respectivas vagas. O grupo tem mais de 73 mil assinantes, muitos deles agradecidos a Kelly por tê-los ajudado a encontrar trabalho. O esforço dela foi reconhecido pela International Association of Business Communicators (IABC) [Associação Internacional de Comunicadores Empresariais], uma das organizações de maior prestígio em seu campo. Em 2013, a IABC elegeu Kelly a "Comunicadora do Ano". Devido a tudo isso, é difícil não considerar Kelly Blazek uma pessoa calorosa e prestativa e uma grande comunicadora. Mas, no início de 2014, ela ficou famosa na internet por causa de um e-mail asqueroso que se tornou viral.

Em resposta ao pedido de uma estranha para que ela a adicionasse no LinkedIn, Kelly explodiu: "Seu convite para adicioná-la é inadequado, benéfico apenas para você e brega", ela escreveu. "Uau, mal posso esperar para deixar que todos os jovens de 26 anos que buscam emprego explorem minhas ótimas conexões em marketing para conseguirem trabalho." E isso foi apenas a introdução. "Adoro essa atitude da sua geração, de achar que pode conseguir tudo facilmente", ela continuou. "Você devia me agradecer por receber sua lição de humildade do ano. Nunca mais procure profissionais seniores supondo que a lista de contatos cuidadosamente elaborada por eles esteja disponível para você só porque você quer criar sua rede de contatos [...] Nunca mais me escreva de novo."

Quem recebeu esse e-mail de rejeição de Kelly Blazek foi Diana Mekota, que procurava trabalho e planejava se mudar para Cleveland. Ela pensava em entrar no grupo Yahoo! de Blazek. Obviamente, Diana não ficou nada contente com a resposta. Ela a publicou no Twitter e no Reddit, onde milhares de pessoas a leram. Kelly foi criticada por sua arrogância e grosseria, e muitos chegaram a dizer que sua mensagem era *cyberbullying*. Outras mensagens desse tipo que ela havia mandado começaram a aparecer. Como esta, a alguém que não tinha indicado em que área trabalhava: "Você acha que eu leio mentes? [...] Prometi a mim mesma recusar qualquer pessoa que me obrigue a adivinhar o que faz. Parabéns, você é uma delas".

E mais esta, enviada em resposta a alguém que reclamava do tom dela: "Já que meu tom o desagrada tanto, acho que você ficaria mais satisfeito com o outro banco de empregos da cidade. Uma dica: não existe outro. Tenha um ótimo dia".

Enfrentando muitas críticas, Kelly teve de pedir desculpas publicamente a Diana e cancelar todas as suas contas nas redes sociais. Ela também devolveu o troféu de "Comunicadora do Ano" para a IABC.

Não dava para não comparar o que tinha acontecido com Kelly com o que tinha acontecido comigo e Jackie em meu momento "donuts olímpicos". Amplificada pelo poder das redes sociais, a grosseira rejeição custou a Kelly sua reputação e destruiu a boa vontade que ela vinha construindo havia anos com seu trabalho voluntário. Por outro lado, a bondade de Jackie em relação ao meu pedido tinha tido o efeito contrário, levando o mundo todo a ver como ela tinha sido incrível.

Claro, a diferença entre uma boa e uma má interação nem sempre é tão drástica. Às vezes, a diferença entre as duas está apenas em um sorriso. Em determinado ponto da minha jornada de rejeição, entrei em uma livraria e perguntei a dois atendentes se podia pegar um livro emprestado em vez de comprá-lo. Os dois disseram "não" e explicaram o motivo óbvio. Mas um deles se explicou com uma expressão rabugenta e aborrecida, acrescentando: "Não sei o que mais posso dizer a você". O outro recusou com um sorriso. Da próxima vez que precisar fazer uma pergunta em uma loja, certamente vou atrás de alguém com um sorriso no rosto!

Mostrar paciência e respeito pode amenizar o golpe de uma rejeição, e às vezes até mesmo conquistar o respeito e a compreensão do outro. Já uma atitude irritada pode provocar o oposto. Inflige danos desnecessários ao outro e, de vez em quando, expõe você a uma vingança irracional, como no caso de Kelly Blazek.

Moral da história: se você precisa rejeitar alguém, faça isso com delicadeza.

SEJA DIRETO

Além da boa educação, outra coisa que me impressionou em Jordan foi a franqueza. Quando perguntei se tinha interesse em blogs, ele declarou abertamente que não. Ele não fingiu um falso interesse. Por isso, respeitei sua rejeição e também o respeitei como pessoa.

Já eu nem sempre segui essa abordagem. Muitas vezes, quando tinha de dizer "não" a alguém, eu adiava o máximo possível. Depois tentava encontrar a maneira menos dolorosa de apresentar minha rejeição. Essa postura costuma ser contraproducente. Muita gente tem a tendência a rejeitar de maneira indireta e a "enfeitar" a rejeição. Geralmente, essas rejeições são apresentadas de duas maneiras: com uma grande encenação ou com um "sim-mas".

Nas "grandes encenações", os rejeitadores passam um longo tempo explicando o motivo de sua rejeição antes de apresentar a recusa. Empresas são notoriamente boas nisso.

Em julho de 2014, a Microsoft demitiu 12.500 funcionários de sua divisão de telefones celulares Nokia. Para dar a má notícia aos empregados, o chefe da divisão, Stephen Elop, enviou a eles um memorando de 1.100 palavras.

Elop começou o memorando de maneira bem informal, com um "Olá, pessoal". Depois, passou dez parágrafos explicando a nova estratégia, os planos e o foco da Microsoft, a natureza emblemática de seus produtos, as mudanças no mercado e a necessidade de, seletivamente, "otimizar a estrutura da empresa".

Por fim, no décimo primeiro parágrafo, Elop deu a má notícia: "De acordo com nossa projeção, isso deve resultar em uma redução estimada de 12.500 profissionais e funcionários diretos da fábrica ao longo do próximo ano. Essas foram decisões difíceis para a equipe, e planejamos apoiar os membros que vão nos deixar com um pacote de compensações pelo desligamento."

Acredito que Elop tenha tido boas intenções, tentando amenizar o golpe da demissão em massa, que está entre as piores rejeições profissionais. Mas, por mais bem-sucedido que Elop fosse como executivo, ele teve medo de apresentar uma rejeição direta. Então resolveu conscientemente usar a lógica e a razão para fazer esse comunicado, talvez esperando que os funcionários estivessem tão convencidos quando chegassem à má notícia que o golpe não doeria tanto. Se o objetivo de Elop era usar o memorando para amenizar o impacto de uma demissão em massa, não funcionou. Os empregados demitidos não se emocionaram com o texto que ele escreveu. Ao contrário, centenas fizeram protestos bem feios.

Demissões em massa acontecem o tempo todo, mas a postura de Elop causou um pesadelo para o setor de RP. A mídia tornou público o memorando, escrevendo matérias com manchetes como "Microsoft demite milhares com péssimo memorando" e "Como não cortar 12.500 empregos: uma lição de Stephen Elop, da Microsoft".

A segunda forma de rejeição indireta é ainda mais frustrante. "Sim-mas" é o que acontece quando quem rejeita reconhece verbalmente o pedido feito, ou mesmo o valida, e então usa a palavra *mas* ou *infelizmente* para apresentar a rejeição.

Quem nunca ligou para algum serviço de atendimento ao cliente e então escutou algo do tipo: "Sim, entendo que você esteja frustrado com essas taxas extras e que queira excluí-las. Nós valorizamos seu trabalho e tentamos fornecer o melhor serviço possível. *Infelizmente* não podemos atender seu pedido neste momento"?

Rejeitadores do tipo "sim-mas" dão a impressão de que estão sendo educados e que reconhecem as preocupações e as frustrações da outra pessoa. Porém, a palavra *mas* – e em particular a palavra *infelizmente* – destrói por completo as boas intenções de quem rejeita. A Apple considera a palavra *infelizmente* tão prejudicial no serviço de atendimento ao cliente que os funcionários (ou "gênios") das lojas Apple, famosas por seu foco no cliente, estão proibidos de usá-la enquanto atendem alguém.

Em seu livro *Conversation Transformation*, o consultor organizacional Ben E. Benjamin (esse é o seu nome verdadeiro) discute os perigos do "sim-mas". Segundo ele, essa tática não apenas envia mensagens dúbias como também torna difícil para o cérebro do rejeitado processar a ideia e pode produzir uma resposta defensiva.

Por fim, quando um rejeitador inicia uma frase com "Sim, é verdade que...", "Sim, entendo que..." ou "Sim, eu sei que...", o rejeitado já sente um "mas" ou um "infelizmente" se aproximando. Então, ignora tudo o que o rejeitador está dizendo e dolorosamente antecipa a rejeição iminente, já pensando na resposta que dará.

Quando tiver de rejeitar alguém, dê a má notícia de maneira rápida e direta. Você pode acrescentar os motivos depois, se a pessoa quiser escutá-los. Ninguém gosta de ser rejeitado, mas as pessoas odeiam ainda mais as grandes encenações e os "sim-mas". Essas posturas não diminuem a força do golpe e, na verdade, costumam surtir o efeito exatamente contrário.

OFEREÇA ALTERNATIVAS
100 DIAS DE REJEIÇÃO: FALAR NO SISTEMA DE ALTO-FALANTE DA COSTCO

Eu fazia compras em uma loja com minha família quando uma voz falou pelo sistema interno de alto-falante: "Atenção, prezados clientes, a loja fechará em cinco minutos; por favor, leve seu carrinho até o caixa". Na época, imerso em minha jornada de rejeição, eu procurava qualquer oportunidade para fazer uma experiência. Soube na mesma hora o que queria tentar a seguir.

Na próxima vez que fui a uma loja, disse à funcionária que gostaria de usar o sistema de alto-falante para fazer um anúncio. Ela imediatamente me encaminhou ao gerente, um homem de meia-idade chamado Robert. Quando eu lhe disse o que queria – basicamente, que ele me deixasse usar o alto-falante para elogiar a loja por seu fabuloso atendimento –, ele me olhou com atenção, como se estivesse avaliando se eu falava sério ou não.

"Infelizmente, não é possível", ele disse. "Não temos permissão para isso."

Mostrei a ele meu cartão fidelidade. "Já gastei milhares de dólares aqui", falei. "Não há nenhuma desvantagem para você, na verdade.

Se disser 'sim', todos aqui ficarão felizes." Foi um discurso um pouco dramático, confesso, mas era o momento de dar o meu melhor. Podia sentir Robert escapulindo.

Ele olhou para mim e balançou a cabeça: "Escute, adoraria fazer isso, acredite. Mas infelizmente não posso".

Mas aí, em vez de sair andando, Robert me surpreendeu: "Você está com fome?", perguntou.

Foi minha vez de ficar confuso. Fiquei ali, sem saber o que dizer.

"Vamos lá, vou pagar um jantar para você e sua família", falou.

Então me acompanhou até a praça de alimentação. "Dê a ele o que ele quiser", disse ao atendente, acrescentando que era para "satisfazer o cliente".

Depois que pedi uma pizza e um cachorro-quente, Robert explicou que realmente quisera dizer "sim" porque achava que o boca a boca era o melhor tipo de propaganda. Ele disse que, embora a empresa não permitisse que um cliente falasse no sistema interno de alto-falante, havia uma revista para assinantes que provavelmente adoraria ouvir minha história.

Preferi contar a história no meu blog a compartilhá-la na revista, mas fiquei agradecido pela tentativa de Robert de me apresentar uma alternativa ao pedido de anunciar no alto-falante. Algumas semanas depois, após postar o vídeo da Costco no meu blog, voltei à loja. Robert me viu e veio apertar minha mão. Ele contou que alguns clientes tinham visto o vídeo e o paravam na loja para cumprimentá-lo. Fiquei feliz de o post no meu blog ter dado a ele a chance de ser valorizado pelos clientes. Ele merecia.

A experiência de rejeição na Costco não apenas encheu minha barriga como me ensinou uma ótima maneira de rejeitar alguém: oferecer uma alternativa. Robert poderia ter apenas dito "não". Em vez disso, foi paciente e respeitoso e deu motivos verdadeiros para seu "não".

Percebam que ele realmente me deu um "sim", mas com a palavra *infelizmente*. Logo depois ofereceu um jantar de graça, que eu não tinha pedido. Como não ser fã de Robert e da Costco depois disso?

Jordan, da 24 Hour Fitness, também me ofereceu uma alternativa, direcionando-me para a academia de sua amiga, da mesma forma que fez o homem de cabelos brancos que não queria uma roseira em seu jardim, ao me encaminhar para alguém que terminou adorando a oferta.

Esses exemplos têm mais uma coisa em comum, algo muito importante. Em cada caso, a pessoa que me rejeitou deixou claro que estava rejeitando meu pedido, e não me rejeitando como pessoa. Quando se é rejeitado, pode ser difícil separar as duas coisas. Na verdade, um dos motivos de as pessoas detestarem tanto a rejeição é não conseguirem fazer essa distinção. Não conseguem separar o ato da rejeição de quem elas são como pessoa. É preciso prática e consciência para separar as duas coisas e não levar para o lado pessoal.

No entanto, ao oferecer alternativas quando rejeita alguém, o rejeitador acaba expressando isso ao rejeitado. Na verdade, ele está dizendo: "Desculpe, não posso fazer o que você quer, mas não é porque não confie ou não goste de você".

A rejeição é uma experiência profundamente pessoal, não importa quem você seja ou o que tenha investido na resposta. Então, quando estiver rejeitando algo, seja específico. Garanta que a pessoa saiba exatamente o que você está recusando e seja honesto sobre os motivos de estar fazendo isso. Essa postura vai poupar muito tempo, problemas e mágoas para todos.

LIÇÕES

1. Paciência e respeito: a rejeição costuma ser uma mensagem dura. Passar essa mensagem com a atitude certa pode ajudar a diminuir a força do impacto. Nunca menospreze o rejeitado.

2. Seja direto: ao rejeitar algo, apresente o motivo depois da rejeição. Evite histórias e argumentos longos e enrolados.

3. Ofereça alternativas: ao oferecer alternativas para conseguir um "sim", ou até mesmo ao fazer simples concessões, é possível trazer a pessoa para o seu lado mesmo depois de ela ter sido rejeitada.

9

Descobrindo o lado positivo

Um de meus poetas favoritos é Lu You. Nascido na China no ano de 1125, ele foi uma criança-prodígio com um estranho talento para a escrita, e começou a escrever poemas aos 12 anos de idade. Aos 29, ficou em primeiro lugar no Exame Imperial, um teste nacional padronizado, realizado uma vez a cada três anos. Na China antiga, o Exame Imperial era considerado muito importante. Quem fazia mais pontos geralmente se tornava o novo membro favorito do gabinete do imperador. Vencer o exame poderia transformar o destino de uma pessoa e de sua família por gerações.

Quando Lu ficou em primeiro lugar, tudo indicava que ele estava destinado a uma vida de poder, riqueza e glórias. Mas havia um problema. No exame, Lu ficou uma posição na frente do neto de Qin Hui – a autoridade governamental mais corrupta e poderosa do país e talvez a mais infame da história chinesa. Qin ficou furioso por alguém ter se atrevido a fazer mais pontos do que seu amado neto. Então, usou sua influência para retirar o nome de Lu da classificação final.

Embora Qin tenha conseguido bloquear a vitória de Lu, não conseguiu impedi-lo de escrever. Ao longo dos anos, Lu continuaria compondo poemas para expressar suas ambições e aspirações para o país. Seus escritos se tornaram tão influentes e foram tão celebrados que terminaram chamando a atenção do imperador, que concedeu a Lu a posição que ele sempre almejara no gabinete.

Mas a história de Lu não termina aí. Logo o problema de ser "bom demais" novamente mudou seu destino. Sua intolerância à corrupção e à dura política externa não era bem recebida por muitas autoridades do governo. Elas o condenaram ao ostracismo e espalharam rumores para impugnar seu caráter. Por fim, o imperador também se voltou contra Lu, removendo-o do gabinete.

Novamente desempregado e frustrado, Lu retornou para o campo e voltou a escrever. Seus escritos sobre patriotismo e rejeição durante esse período tornaram-se alguns dos mais influentes na história da literatura chinesa. O belo modo como ele captura a dor da rejeição – e a descoberta da esperança – foi algo que muito me atraiu para sua obra.

Uma frase em particular sempre voltava à minha cabeça ao longo dos meus 100 dias de rejeição: "Depois de intermináveis montanhas e rios que deixam dúvida sobre a existência de um caminho, de repente encontra-se a sombra de um salgueiro, flores brilhantes e um adorável vilarejo"[6]. Era uma parábola sobre as vitórias, as derrotas e as descobertas de tirar o fôlego que Lu encontrou em sua própria vida.

Friedrich Nietzsche escreveu a famosa frase "O que não nos mata nos fortalece". Isso é verdade quando se trata da rejeição. Todo mundo é rejeitado inúmeras vezes ao longo da vida. No final, poucas dessas rejeições, se é que alguma delas chega a tanto, mostram-se fatais ou capazes de alterar um destino. No entanto, cada uma delas nos oferece uma oportunidade para crescer, para desafiarmos a nós mesmos e para superarmos os medos e as inseguranças que nos impedem de atingir nosso potencial. Na verdade, uma das maiores lições da minha

---

6. A tradução original do chinês para o inglês foi feita pela secretária de Estado americana, Hillary Clinton, no Pavilhão dos Estados Unidos na Expo Shangai, em 22 de maio de 2010. [N. A.]

jornada é que qualquer rejeição pode esconder um lado bom, se estivermos dispostos a procurar por ele.

MOTIVAÇÃO

Uma das grandes vantagens da rejeição é que ela pode servir de motivação. E, para mim, a motivação veio cedo.

A primeira grande rejeição que sofri foi na escola primária.

Minha professora, a sra. Qi, era muito amorosa e realmente preocupada com seus alunos. Um dia, ela planejou uma grande festa para nós. Comprou lembrancinhas para todos os 40 alunos, embrulhou-as cuidadosamente e as colocou na frente da sala. Durante a festa, a sra. Qi fez com que ficássemos de pé na frente da sala. Cada um dos alunos deveria fazer um elogio a um colega. O aluno elogiado então pegava uma lembrancinha e voltava para sua carteira. Era uma boa ideia. O que poderia dar errado?

Parado de pé no meio do grupo, eu dava sinceros parabéns cada vez que alguém recebia um elogio e pegava seu presente. O grupo começou a diminuir, e eu continuava lá. Meus parabéns se tornaram cada vez menos entusiasmados e, aos poucos, minha alegria se transformou em preocupação. Por que ninguém levantava a mão e dizia algo simpático sobre mim?

Então, o grupo ficou realmente pequeno, e minha preocupação começou a se transformar em medo. Restavam apenas três alunos: dois garotos de quem ninguém gostava e eu. Todo mundo já tinha voltado para suas carteiras, segurando presentes embrulhados em papel brilhante. Nós três ficamos lá, e nenhum dos outros colegas levantou a mão.

A sra. Qi pediu várias vezes – chegou a implorar – para a classe nos oferecer um elogio ou dizer alguma coisa para que ela pudesse nos tirar do tablado que parecia um cadafalso. Lágrimas escorriam pelo meu rosto e senti que preferia morrer a continuar ali de pé. Até aquele momento eu não sabia que era tão impopular. Mas, ao olhar para quem estava ao meu lado, cheguei à essa conclusão.

Piedosamente, a sra. Qi terminou o show de horrores pedindo que pegássemos uma lembrancinha e voltássemos para a carteira. Eu era muito pequeno para imaginar o que devia estar se passando em sua mente atenciosa e gentil, tendo, sem querer, transformado um exercício edificante na humilhação pública de três garotos. Hoje tenho mais pena dela do que de mim naquele momento, porque ela deve ter se sentido péssima pelo que provocara sem querer.

Esse tipo de humilhação pode deixar marcas em uma pessoa, principalmente em uma criança. Isso poderia ter me transformado de uma maneira ruim. Eu poderia ter começado a me esforçar mais para ser aceito e ter formado minha personalidade e meus interesses pensando nos outros, na esperança de que seguir padrões pudesse evitar que esse tipo de rejeição traumática voltasse a acontecer. Ou poderia ter virado a mesa e começado a odiar tudo e todos. Poderia ter me tornado um solitário amargo, do tipo que aparece em tantas manchetes trágicas atuais.

Felizmente, escolhi uma terceira via. Em vez de me sentir humilhado por ser diferente dos outros, aceitei isso. Não me tornei uma pessoa vingativa por ter ficado de pé na frente de meus colegas de classe sem receber elogios de ninguém. Isso fez com que eu quisesse provar a todos eles que estavam errados sobre mim, e mostrar quem eu realmente era.

De um modo estranho, a experiência também me fez sentir... especial. Desde uma tenra idade, achava que não era como as outras pessoas. Eu nem mesmo *queria* ser como os outros. Queria encontrar meu próprio caminho. Por isso sempre fui atraído por personagens como Thomas Edison, Bill Gates e outros pioneiros, que não se enquadram em formas prontas. Também por isso, ao longo dos anos, sempre que tomava um rumo diferente dos caminhos mais convencionais seguidos pelos meus colegas de escola – fosse me mudando para os Estados Unidos, indo para a faculdade ou mesmo tendo sucesso com meu blog –, recordava aquela rejeição com gratidão.

Naquele dia, aprendi algo de importância vital, embora não soubesse disso na época e só viesse a descobrir quando começasse esta minha jornada: a rejeição é uma experiência que cabe a você definir. Ou seja, significa só o que você quer que signifique. A relação que você tem com ela pode ser negativa ou positiva, e tudo depende do modo como você a enxerga.

Algumas pessoas são extremamente competentes em transformar a rejeição em algo positivo, mesmo se a rejeição em si for horrível. Elas usam a experiência para se fortalecer e se motivar. Basta perguntar a Michael Jordan.

Os discursos feitos em cerimônias de premiação costumam ser desabafos sinceros, cheios de agradecimentos a familiares e amigos. Em geral são emotivos – e às vezes um pouco chatos. Mas o discurso de Michael Jordan no Hall da Fama do Basquete em 2009 foi tudo menos chato. Na verdade, nunca escutei nada parecido.

Ao longo de 23 minutos, Jordan listou metodicamente cada rejeição pessoal que sofrera em sua carreira e explicou quanto elas o haviam fortalecido – desde não ter sido escolhido para a equipe da escola pelo técnico do ensino médio até ser preterido ao título de Jogador do Ano da Carolina do Norte em prol do colega de quarto da faculdade; citou o técnico da equipe adversária que proibiu seus jogadores de travar amizade com Jordan, bem como os pessimistas da mídia que alegaram que ele não tinha o mesmo talento que Magic Johnson ou Larry Bird. O discurso de Jordan revelou um lado seu que sua imagem pública, cuidadosamente fabricada, tinha, com sucesso, escondido de todo mundo: a maneira como ele tinha usado constantemente a rejeição como incentivo durante a carreira e até a aposentadoria.

Descobrindo o lado positivo 149

Jordan disse que cada rejeição colocara "tanta lenha naquela fogueira que me fez querer ficar, a cada dia, melhor como jogador de basquete [...] Para alguém como eu, que alcançou tanto ao longo da carreira, você procura qualquer tipo de mensagem que as pessoas possam dizer ou fazer para te deixar motivado para jogar basquete no melhor nível, porque é nesse momento que sinto que me supero".

Jordan não é o único. Quanto mais pesquisava sobre isso, mais me assombrava ao ver quantas pessoas de sucesso convertiam a rejeição em estímulo – e como isso acontecia com frequência.

- O jogador de futebol americano Tom Brady foi ignorado mais de 198 vezes no recrutamento da NFL [Liga Nacional de Futebol Americano] em 2000 até finalmente ser selecionado pelo New England Patriots. Ele já tinha ido embora da festa de seleção, deprimido e chorando. Desde então, Brady se tornou um dos maiores quarterbacks de todos os tempos, vencendo três Super Bowls até agora. Ele costuma citar sua experiência no recrutamento como parte do que o motivou a se dar bem na NFL e a provar seu valor às equipes que o rejeitaram.
- Filho adotivo, Steve Jobs, fundador da Apple, certa vez ouviu de um garoto com quem brincava que tinha sido abandonado porque ninguém o queria. Segundo seu biógrafo, Walter Isaacson, Jobs foi profundamente afetado pelo comentário, dizendo que "relâmpagos saíam da minha cabeça. Lembro-me de ter entrado correndo em casa. Acho que estava chorando". Depois que seus pais lhe garantiram que o tinham escolhido para ser filho deles, ele percebeu que "não tinha sido apenas abandonado. Fui escolhido. Era especial". Essa mudança de perspectiva tornou-se uma crença que o ajudou a alcançar níveis criativos sem precedentes.
- Depois de perder por pouco a presidência para George W. Bush na eleição de 2000, o ex-vice-presidente Al Gore mudou

o foco para a questão do aquecimento global. Seu documentário sobre o tema, *Uma verdade inconveniente*, exerceu tanta influência que lhe rendeu o Oscar e alterou o discurso mundial sobre questões climáticas. Gore se referiu a sua derrota eleitoral como "um duro golpe" que "colocou nitidamente em foco a missão que vinha perseguindo por todos aqueles anos".

- Enquanto estava na Disney, o executivo Jeffrey Katzenberg foi rejeitado por seu chefe de longa data, Michael Eisner, para ser o número 2 sob o comando de Eisner. Em entrevista ao *New York Times*, Katzenberg explicou: "Passei por toda a gama de emoções. Fiquei desapontado, triste, bravo, assustado, filosófico, triste de novo, vingativo, aliviado e triste de novo". Mas Katzenberg usou a rejeição como incentivo para começar sua própria empresa de cinema, a DreamWorks, cujos filmes de animação arrecadaram mais do que os da Pixar, da Disney, até 2010. Há rumores de que Katzenberg se inspirou em Eisner para o personagem de Lord Farquaad, o principal vilão na multimilionária franquia *Shrek* (da DreamWorks).

Claro que a mordida da rejeição não foi a única coisa que motivou o trabalho e a ambição dessas e de outras pessoas muito bem-sucedidas. Cedo ou tarde, outras motivações intrínsecas, como "o amor pelo jogo" ou o desejo de "deixar uma marca no universo", precisam assumir o controle, para que se mantenha a excelência do desempenho. Mas é interessante pensar no que poderia ter acontecido se qualquer uma dessas pessoas tivesse permitido que a rejeição destruísse a ideia que faziam de si mesmas, se elas tivessem visto a rejeição como um obstáculo no meio do caminho, em vez de como algo que estivessem ansiosas e determinadas a superar. Cada uma delas viu a rejeição como "lenha na fogueira", como disse Michael Jordan com tanta eloquência. Ela simplesmente acrescentou mais chama à ambição que já ardia.

Autoaperfeiçoamento
100 DIAS DE REJEIÇÃO: PEDIR DINHEIRO NA RUA

Minhas experiências de rejeição mais difíceis foram as muito públicas, nas quais me abria à possibilidade de ser rejeitado não por uma pessoa, mas por dezenas, centenas ou mais. Foi por isso que fazer o anúncio no voo da Southwest para Las Vegas praticamente me deixou com urticária. É por isso também que a rejeição na escola primária deixou uma marca tão forte em mim.

O lado positivo de criar minhas experiências de rejeição era que eu sabia exatamente onde estavam os botões que podia apertar para desencadear uma reação de pânico à rejeição. E não podia pensar em um modo melhor de me aterrorizar do que ficar parado em uma esquina movimentada de Austin, segurando um cartaz em que pedia dinheiro.

Passo por pedintes praticamente todos os dias, e nunca fui capaz de imaginar como seria estar no lugar deles. A necessidade de dinheiro é maior do que o medo de serem julgados e rejeitados? O tempo e a experiência dão fim ao medo e à vergonha? Ou eles têm uma relação diferente com a rejeição?

Não queria ser desonesto e ficar em uma esquina fingindo precisar de dinheiro. Então, decidi pedir doações para um grupo de caridade local, que doa alimentos.

Costumamos ouvir que imóveis têm a ver com localização, localização e localização, e achei que a mendicância deveria seguir a mesma regra. Então usei o Google Maps para pesquisar o local e escolhi um cruzamento movimentado na saída para uma das principais rodovias de Austin. Parado ali, eu via o mundo como um pedinte o veria todos os dias, com os carros passando e parando no sinal vermelho, os motoristas me observando através do para-brisa, fazendo rápidos julgamentos e geralmente abaixando a cabeça para evitar o contato visual. Era a rejeição silenciosa da massa, e tinha uma estranha semelhança com o episódio na minha escola primária.

Estava preso entre o desejo de chamar a atenção das pessoas e a esperança de não ser julgado por elas. Era uma situação extremamente dolorosa. Recorri a todo tipo de técnica para aguentar esse processo: falei com meus botões, tentei manter um grande sorriso no rosto, imaginei como as doações ajudariam as pessoas que passam fome – as quais, se não fosse por esses donativos, teriam de fazer o que eu estava fazendo.

No começo, segurei um cartaz com os dizeres: TUDO VAI PARA A CARIDADE! OBRIGADO. Achava que o cartaz era simples e direto. Mas 15 minutos se passaram, 48 carros chegaram e foram embora, e ninguém abaixou a janela nem mostrou o menor interesse pelo que eu estava fazendo. Como diz o velho ditado: "Quando a propaganda falha, não culpe o consumidor. Culpe a mensagem".

Concluí que a mensagem no cartaz era vaga demais. Então coloquei algo mais específico e, esperava, mais fácil de acreditarem.

O novo cartaz dizia: TUDO VAI PARA O BANCO DE ALIMENTOS DE AUSTIN! OBRIGADO. Isso trouxe imediatamente alguns resultados. Uma mulher chamada Lisa abaixou o vidro do carro, abriu um grande sorriso e disse "Deus te abençoe", enquanto me dava dois dólares. Outra motorista, chamada Lori, me deu sete dólares, a maior quantia que iria receber. Segurei aquele cartaz por 15 minutos. No total, 43 motoristas me viram com o cartaz, mas apenas duas – Lisa e Lori – ofereceram doações.

Então, novamente mudei a frase no cartaz, dessa vez enfatizando ainda mais que o dinheiro que estava coletando iria para uma boa causa, e não para meu bolso. O terceiro cartaz dizia: ISTO **NÃO** É PARA MIM! TUDO VAI PARA O BANCO DE ALIMENTOS DE AUSTIN! OBRIGADO.

Dois motoristas, Jessica e John, me ofereceram um punhado de moedas. Outra mulher me entregou dinheiro sem parar o carro, o que tornou difícil pegá-lo. Uma motorista chamada Lindsey me aconselhou a segurar meu cartaz na horizontal, e não na vertical, para que as pessoas pudessem me ver melhor. Ela não doou nada, mas também não cobrou taxa de consultoria, então tudo bem. Outro motorista me pediu orientações para chegar até o banco de alimentos, porque ele precisava da ajuda. Foi bom ajudar alguém em necessidade.

No fim, 66 motoristas viram o terceiro cartaz durante os 15 minutos em que o segurei, e três pessoas doaram um total de 6,73 dólares.

Então mudei o cartaz mais uma vez, esperando agora acrescentar um pouco de humor. O novo cartaz dizia: O GOOGLE SUGERIU AQUI. TUDO VAI PARA O BANCO DE ALIMENTOS DE AUSTIN! OBRIGADO!

A ideia era dizer que o Google Maps havia sugerido aquele local para minha tentativa de mendicância. Infelizmente, esse último cartaz foi uma péssima brincadeira que só eu entendia, e isso só confundiu as pessoas. Em meus 15 minutos, 38 carros me viram e ninguém me deu um centavo. A mensagem ruim e a péssima tentativa de humor foram contraproducentes.

No fim das contas, porém, tive uma hora produtiva. Um total de 195 motoristas passou por mim e recebi cinco doações, totalizando 15,73 dólares, que ofereci feliz ao Banco de Alimentos de Austin.

Essa experiência de rejeição me ensinou muito sobre a importância de uma boa mensagem (inclusive a vantagem de ser específico), sobre o elemento-surpresa e sobre a dura lição de não confundir as pessoas com humor de baixa qualidade. Mas a maior lição foi como usar a rejeição como ferramenta para aprender, adaptar e melhorar. Em vez de desanimar, ficar apenas parado no cruzamento ou simplesmente desistir depois dos primeiros 15 minutos, tratei a experiência como uma ferramenta de *feedback* e rapidamente mudei minhas táticas sem abandonar a causa.

Usar o *feedback* dos consumidores para rapidamente criar e melhorar produtos é uma prática padrão em muitos negócios. Eles estabelecem medidas para verificar como seus clientes usam o produto ou se comportam sob determinadas situações, e o *feedback* que recebem pode alterar o rumo de um produto ou mesmo do negócio.

Porém, essa mesma mentalidade raramente é aplicada quando se trata da rejeição. Cegos por suas próprias expectativas e emoções, os rejeitados em geral não tiram proveito do *feedback* dado por quem rejeita. No Capítulo 6 falei sobre a importância de perguntar e entender o motivo da rejeição. Se isso não for possível, você ainda pode mudar um componente do pedido e usar as recusas a fim de ajustar sua abordagem. O segredo é se desvincular da emoção o máximo possível e tratar seu pedido mais como um experimento ousado e criativo.

Por exemplo, na busca de emprego, se você se candidata cem vezes com o mesmo currículo e é rejeitado para uma entrevista em todas, em vez de ver as rejeições como um sinal de que não é qualificado para o trabalho e de que deveria diminuir as expectativas, pode melhorar seu currículo, escrever uma nova carta de apresentação ou usar outros canais, como uma rede de contatos, para tentar de novo e verificar se há alguma mudança na porcentagem dos retornos.

MÉRITO

Quando pensamos em rejeição, automaticamente presumimos que seja um revés, uma fonte de dor e algo que temos de superar. Raramente investigamos a possibilidade de, em alguns casos, a rejeição ser resultado de estarmos acima da média.

Ao longo da história, existem incontáveis exemplos de pessoas rejeitadas ou até perseguidas por suas crenças, mas que foram inocentadas pelo tempo. Entre esses exemplos há as teorias científicas de Galileu, que foram declaradas heréticas, e Vincent van Gogh, cuja obra agora é vendida por milhões, mas que foi taxado de fracassado a vida toda, e ainda a história bíblica de Noé, alvo de zombaria por construir uma arca preparando-se para uma inundação histórica. Mesmo nos dias de hoje, em muitos casos boas ideias podem ter de enfrentar um difícil caminho, principalmente se essas ideias forem de natureza criativa.

Empresas, organizações, pais, professores e a nossa sociedade elogiam universalmente a criatividade e o pensamento não convencional. No entanto, quando a criatividade realmente ocorre, quase sempre é recebida com rejeição, porque em geral atrapalha a ordem e as regras.

Em *O dilema da inovação*, um clássico livro da área de negócios, Clayton Christensen, professor de Harvard, argumenta que as empresas geralmente não conseguem inovar porque se concentram em projetos lucrativos de imediato e rejeitam inovações internas. Por causa disso, são vítimas de trabalhosas inovações introduzidas no mercado por agentes externos, normalmente *startups* pequenas que não precisam se preocupar com o *status quo*.

Um estudo realizado pela psicóloga Jennifer Mueller, da Universidade da Pensilvânia, recebeu o seguinte título: *O preconceito contra a criatividade: por que as pessoas desejam, mas rejeitam ideias criativas*. Mueller descobriu que não importa quanto digamos adorar a criatividade em nível consciente, no subconsciente a desprezamos e a tememos porque representa um nível de incerteza. Como seres humanos, ansiamos por resultados certos e previsíveis. E tendemos a nos apegar a tradições e à sabedoria convencional. É por isso que na história não há uma única ideia capaz de mudar o mundo que inicialmente tenha recebido aprovação universal.

Revendo minha própria jornada, pouquíssimas pessoas me deram a chance de ser bem-sucedido quando me demiti do emprego para ir atrás de um sonho empreendedor. Quando rejeitaram meu pedido de financiamento, fiz algo inédito. Usei parte do precioso pouco tempo que tinha em meu período de seis meses para começar um novo videoblog focado em minha rejeição. Fiz isso porque sentia a necessidade de fazê-lo, e não consultei mais ninguém. Posteriormente, um de meus melhores amigos me disse que tive sorte por não ter contado a ele sobre meu videoblog antes de começá-lo, porque ele teria feito de tudo para tirar essa ideia da minha cabeça, já que ela parecia "incrivelmente idiota".

O escritor George Bernard Shaw disse que "todas as grandes verdades começam como blasfêmias". E Mahatma Gandhi afirmou: "Primeiro eles o ignoram, depois riem de você, depois brigam com você, e depois você vence".

Da próxima vez que todos aceitarem sua ideia ou proposta sem discordar de nada, é melhor parar um momento e pensar se ela é resultado de conceitos convencionais ou de consenso grupal. E, se alguém achar sua ideia "incrivelmente idiota", considere a possibilidade de estar no caminho de algo interessante. Talvez a pergunta que devemos lançar sobre determinada ideia não seja "Como evito a rejeição?", mas "Minha ideia vale uma rejeição?"

FORMAÇÃO DE CARÁTER
100 DIAS DE REJEIÇÃO: FAZER UM DISCURSO NA CALÇADA

É costume dizer que as pessoas têm mais medo de falar em público do que de morrer. Durante meus 100 dias de rejeição, fiz muitos discursos para plateias diversas. Por causa disso, comecei a temer bem menos falar em público; na verdade, comecei rapidamente a gostar disso. Dei palestras sobre minha história na conferência de Tony Hsieh e na Universidade do Texas. No entanto, uma coisa era subir ao palco para falar diante de uma plateia que supostamente se reuniu a fim de ouvir o que eu tinha a dizer. Era seguro, familiar e previsível. Outra coisa bem diferente era falar para um público fora daquele ambiente controlado.

Eu queria me esforçar mais, então planejei um desafio de rejeição para explorar essa sensação de medo e ver se conseguiria superá-la. O plano era ir até uma rua qualquer na cidade e começar a fazer um discurso na calçada. Minha esposa, Tracy, iria me acompanhar, ficar do outro lado da rua e filmar a experiência. Não fazia ideia se as pessoas iriam parar para escutar, se iriam aplaudir ou vaiar, ou se apenas pensariam que eu era louco.

Descobrindo o lado positivo 157

Não posso dizer que estivesse morrendo de medo, mas cheguei perto disso. Se alguém me perguntasse qual das minhas experiências de rejeição foi a mais assustadora, diria que foi essa.

Às 19h20 coloquei uma cadeira em uma movimentada calçada de Austin e posicionei dois cartazes ali perto. O primeiro dizia: NARRAÇÃO DE HISTÓRIAS EM PÚBLICO ÀS 19H30. FIQUE SE ESTIVER INTERESSADO. O segundo dizia: MANTENHA AUSTIN ESTRANHA — um *slogan* que os moradores usavam para enaltecer a cultura dinâmica e liberal da cidade (a ideia do cartaz era me dar alguma credibilidade, sugerindo que eu tentava ser tão estranho quanto eles).

Tracy filmou o episódio desde o início. Enquanto esperava durante aqueles dez minutos, eu parecia o cara tímido da escola prestes a convidar a garota mais bonita para ir ao baile. Eu estava pálido, e meus lábios tremiam. Cinco minutos se passaram, assim como incontáveis pessoas. Um ciclista parou e olhou meus cartazes, inclinou a cabeça e começou a pedalar de novo. Um labrador de pelo cor chocolate, que andava com o dono, cheirou os cartazes, mas seu dono rapidamente o puxou e continuaram em frente.

Dez minutos se passaram e nenhuma pessoa parou. Sem público, estava prestes a guardar tudo e ir para casa. Mas então mudei de ideia. *Vim até aqui*, pensei. *Rejeitado ou não, por que simplesmente não faço o discurso e vejo o que acontece?* Olhei para Tracy, pacientemente parada do outro lado da rua, filmando minha angústia, e fiz um sinal para ela esperar. Então fiquei em pé.

Limpei a garganta, e o que saiu da minha boca foi o seguinte: "Oi, pessoal. Vou contar minha história agora. Sintam-se à vontade para escutá-la". Então, comecei meu discurso. "Era um domingo. Fazia muito calor. Um cara estava sentado em casa..." E contei a história de quando bati na porta de Scott segurando uma bola de futebol.

Quanto mais falava, mais uma estranha sensação de calma me envolvia, levando embora o angustiante nervosismo. Tentei me concentrar exclusivamente na história que contava, nos meus movimentos e nas palavras que saíam da minha boca. Era como se tivesse acionado algum interruptor.

Algumas pessoas olharam para mim e diminuíram o passo. Outras pararam e ficaram. Logo, tinha uma plateia de seis pessoas, e nenhuma delas foi embora depois que começou a escutar.

Nos 15 minutos seguintes, contei minha história, desde o pedido de demissão e o começo de uma empresa até ser rejeitado por um investidor e embarcar em minha jornada de rejeição, e todas as coisas que havia aprendido pelo caminho. Terminei com o que mais tarde se tornaria, em outros discursos, minha marca registrada: "A rejeição é como frango. Pode ser uma delícia ou horrível, dependendo do modo como for preparado. Não podemos deixar que o medo da rejeição nos incapacite".

Quando terminei, a plateia de seis pessoas aplaudiu.

"Obrigado por contar sua história. Foi ótimo!", disse uma pessoa.

"Foi fantástico! Como encontramos você?", perguntou outra mulher.

Uma sensação de orgulho e satisfação encheu meu coração. Eu lutara contra meu medo, mantivera meu objetivo (apesar de rejeitado por incontáveis pedestres) e continuara meu discurso mesmo assim.

E foi bom tê-lo feito, porque algumas semanas depois estava diante de uma plateia bem maior. Três mil empreendedores, blogueiros e escritores lotavam os dois andares da linda Sala de Concertos Arlene Schnitzer, em Portland, no Oregon. A ocasião era a terceira Cúpula de Dominação do Mundo, evento anual e dinâmico, descrito como "uma reunião de pessoas criativas e interessantes do mundo todo". O fundador da cúpula e seu principal organizador, Chris Guillebeau, é um empreendedor, blogueiro e autor *best-seller* do *New York Times* com o livro *A startup de $100*. Seu objetivo é inspirar as pessoas a seguir suas paixões e perseguir seus sonhos, uma causa na qual eu acreditava fortemente. Depois de ouvir falar da minha experiência com os donuts na Krispy Kreme, ele me convidou a ir ao Oregon para que eu compartilhasse minha história em sua conferência.

Antes de o evento começar, dei uma olhada na lista de palestrantes e me assustei. Estava repleta de autores de grande sucesso, incluindo Gretchen Rubin (*Projeto felicidade*), Donald Miller (*Como os pinguins me ajudaram a entender Deus*) e Danielle LaPorte (*The Desire Map*). Também havia empreendedores bem conhecidos como Andrew Warner (Mixergy) e Jonathan Fields (Good Life Project). E havia ainda Nancy Duarte, que ensina as pessoas a falar em público e que inclusive bolou a apresentação de Al Gore no filme *Uma verdade inconveniente.*

E então havia eu, um empreendedor fracassado que tinha virado blogueiro e passava os dias buscando a rejeição. Era impossível não ficar nervoso.

Antes da minha palestra, fiquei andando de um lado para o outro nos bastidores, respirando com dificuldade. A pressão para me sentir à altura dos demais palestrantes era insuportável. Além disso, nunca tinha visto nem muito menos falado para uma plateia tão grande.

Um voluntário do evento percebeu meu nervosismo e se ofereceu para me ensinar algumas técnicas de alongamento a fim de me acalmar. Então o diretor me disse que eu entraria em cinco minutos. Engoli em seco. Depois de checar meu microfone, o cara responsável pelo equipamento me deu tapinhas nas costas, falando "Você vai ficar bem. Você é o cara da rejeição".

Seu comentário atravessou a névoa do meu nervosismo e atraiu minha atenção. *Humm... é verdade! Sou o maldito cara da rejeição! Enquanto as outras pessoas fogem da rejeição, eu a busquei 100 vezes!* Se consegui fazer um discurso para uma plateia vazia em uma movimentada rua de Austin, por que deveria ficar assustado com uma plateia solidária que tinha pagado para estar ali?

"Um minuto!", gritou o diretor.

Minha respiração começou a acalmar. Até consegui dar um sorriso, do tipo que você dá quando está prestes a cravar um xeque-mate no adversário – que, nesse caso, era meu próprio medo. Percebi que tinha uma arma que mais ninguém tinha: meu rico acervo de experiências sobre como superar a rejeição.

Então, chegou a hora. "Vai, vai, vai!", gritou o diretor, como um líder de pelotão empurrando os soldados em direção ao fogo inimigo.

Entrei no palco e sob os holofotes. Três mil pessoas esperavam que eu começasse. Levei cinco segundos, olhando o lindo teatro da esquerda para a direita. Mas não vi as pessoas. Em vez disso, visualizei aquela rua movimentada em Austin, antes de alguém parar para ouvir meu discurso. Naquele momento, soube que ficaria bem.

"Era uma tarde quente de novembro...", comecei.

Vinte e três minutos depois, saí do palco aplaudido de pé. Estava nas nuvens. Comecei a abraçar e a cumprimentar os voluntários nos bastidores. Mas como os aplausos não paravam, Chris Guillebeau me chamou de volta ao palco para que eu dissesse algumas palavras finais. Parado ali, senti-me inundado de alegria e gratidão. Agradeci à plateia pelo apoio e pelo incentivo, e a Chris pelo convite. Mas, na minha cabeça, agradeci também a todas aquelas pessoas que haviam passado por mim na rua de Austin. Aquela experiência me deixara forte e destemido.

Transformar a rejeição em algo positivo exige coragem. Exige que você encare a rejeição de frente e veja o que ela realmente é: uma experiência que pode machucá-lo ou ajudá-lo, dependendo da maneira como for vivida. A diferença é a sua atitude. Normalmente, a rejeição é dolorosa. Se for tratada como um revés, como uma humilhação ou um motivo para desistir, então é isso que ela será. Mas se você puder encontrar a coragem para dar um passo para trás e olhá-la por outro ângulo, descobrirá algo notável. O que você vai descobrir é que não há mais uma rejeição ruim. Se olhar com cuidado, encontrará seu salgueiro, e um adorável vilarejo.

A rejeição é realmente como frango. É uma delícia ou horrível, dependendo do modo como você a cozinha.

LIÇÕES

1. Motivação: a rejeição pode ser usada como um dos estímulos mais fortes para aumentar o desejo de realização da pessoa.
2. Autoaperfeiçoamento: ao desvincular a rejeição da ação, pode-se usá-la como uma ferramenta eficaz para melhorar uma ideia ou um produto.
3. Mérito: às vezes é bom ser rejeitado, principalmente se a opinião pública for fortemente influenciada por conceitos convencionais e de grupo, e se a ideia for radicalmente criativa.
4. Formação de caráter: ao buscar a rejeição em ambientes hostis, é possível desenvolver a firmeza mental necessária para atingir objetivos maiores.

10

Descobrindo o significado

Claro que as rejeições que busquei durante meu projeto não tiveram consequências de vida ou morte. Quando pedi donuts customizados para Jackie ou perguntei a Robert se poderia falar no sistema interno de alto-falantes da Costco, não havia nada em jogo, exceto minha luta interna contra a rejeição. Mas um dia me peguei imaginando como seria direcionar meus esforços para questões mais significativas. Que lições poderia aprender com rejeições mais profundas na vida, quando não há vantagens à vista? O que descobri foi que às vezes não se trata de conseguir um "sim" ou um "não". Às vezes, enfrentar a rejeição é outra coisa. Trata-se de ser capaz de suportar a recusa porque há um motivo profundo para fazê-lo.

100 DIAS DE REJEIÇÃO: FAZER A CAPITAL AMERICANA SORRIR

Durante minha jornada de rejeição, tive o privilégio de conhecer muitas pessoas que seguiam sozinhas jornadas muito interessantes. Massoud Adibpour foi uma delas. Depois de se formar na Universidade

James Madison, em 2005, entrou para uma empresa de consultoria na capital americana, Washington. O salário era ótimo, mas Adibpour estava infeliz. Ele disse que faltava criatividade naquele escritório e que, durante o tempo em que trabalhou ali, se sentia apenas um número. Adibpour acabou pedindo demissão e foi viajar pelo mundo. Depois de visitar lugares remotos como a Tailândia e o Camboja, voltou à capital bem mais feliz e pronto para simplificar sua vida. A música sempre fora sua paixão, e logo ele encontrou o emprego de seus sonhos como promotor de shows. Mas Adibpour também sentia um desejo profundo de ajudar a tornar as outras pessoas tão felizes quanto ele. Então, em 2013, começou um projeto paralelo – na verdade, mais uma missão do que qualquer outra coisa – chamado Faça DC Sorrir[7].

Toda segunda-feira de manhã, Adibpour segurava grandes cartazes repletos de mensagens positivas numa movimentada esquina de Washington. Ele mostrava os cartazes para os carros enquanto acenava e sorria. Seu único propósito era "promover a positividade, esperando com isso tirar as pessoas de sua mentalidade negativa". Suas mensagens – e seu sorriso – se tornaram parte da paisagem matinal de segunda-feira para quem seguia para o trabalho. Também chamaram a atenção de grandes agências de notícias, que ficaram fascinadas com um homem tão determinado a fazer os outros sorrirem.

Adibpour ouviu falar do meu projeto de 100 dias de rejeição e entrou em contato comigo, esperando colaborar de alguma maneira. Eu já tinha uma viagem planejada para Washington, então combinamos de nos encontrar. Eu participaria de sua campanha enquanto estivesse em DC. A fim de transformarmos aquela experiência em uma tentativa de rejeição, além de segurar os cartazes pediríamos que os estranhos que passassem por ali se unissem a nós.

---

7. *Make DC Smile*, no original em inglês. DC é a sigla para Distrito de Columbia, ou Distrito Federal, e refere-se à cidade de Washington, capital americana. [N. T.]

Algumas semanas mais tarde, em uma manhã inesperadamente gelada, encontrei Adibpour diante do Monumento a Washington. Alto e de gorro, ele me saudou com um sorriso caloroso e sincero. Depois de um aperto de mão e um abraço seguimos para nossa esquina e começamos a acenar para os carros com os cartazes. Na verdade, eu não fazia ideia de como as pessoas que iam para o trabalho reagiriam a um asiático e a um cara do Oriente Médio segurando mensagens implorando para que fossem felizes. Afinal, aquela era a capital do país, uma cidade conhecida pelo trânsito difícil e por habitantes ainda mais difíceis. Eu estava pronto para tudo.

Adibpour trouxera consigo alguns cartazes com dizeres como "BUZINE SE VOCÊ AMA ALGUÉM", "HOJE O DIA ESTÁ INCRÍVEL" e "NÃO SEJA TÃO DURO COM VOCÊ MESMO". Diante dessas mensagens, os resultados foram mistos. Alguns motoristas buzinaram, outros acenaram para nós e até sorriram. O restante nos lançou olhares confusos ou nos ignorou completamente.

Depois de 15 minutos segurando os cartazes, começamos a pedir aos pedestres que se juntassem a nós. Rapidamente fomos alvo de uma bateria de rejeições, quase todas de homens e mulheres bem-vestidos que seguiam para o trabalho (embora um deles, depois de recusar nossa oferta, tenha acrescentado "adorei os cartazes"). Uma família de quatro pessoas, com os pais segurando com força as mãos de dois garotos, passou apressada sem diminuir o passo. Os pais pareciam determinados a não reconhecer nossa existência, embora os garotos parecessem interessados.

Por fim, um homem que parecia um estudante se aproximou. Seu nome era Peter. Ele estava intrigado com o que fazíamos e se prontificou a se juntar a nós. Depois de examinar os cartazes, finalmente pegou um que dizia apenas "SORRIA". E, com ele, nossa equipe da felicidade aumentou em 50%. No mesmo instante, me senti mais forte e motivado. Ter uma terceira pessoa conosco dava a impressão de que éramos um movimento.

Descobrindo o significado   165

Por algum tempo pareceu que Peter seria o único a entrar no grupo. Nossos esforços de recrutamento acabaram levando a uma sequência vertiginosa de rejeições. "Quantas recusas você acha que tivemos?", perguntei a Adibpour a certa altura, tendo perdido a conta. Ele respondeu, meio brincando, que talvez tivessem sido 300. "Mas tudo bem", falou, "porque eles ficaram pensando nos cartazes." Para ele, aquilo já era suficiente para contar como um "sim".

Logo depois, um casal com uma criança passou por nós, e eles pareciam perdidos. Adibpour perguntou se precisavam de ajuda para chegar a algum lugar. Depois de lhes ensinar o caminho até o aquário, ele os convidou a se juntarem a nós. "Estamos protestando contra a infelicidade", expliquei. Os três riram, pegaram cartazes e começaram a mostrá-los para os carros. Não sei ao certo por que concordaram em se juntar a nós, mas realmente entraram no clima. Tínhamos dobrado o tamanho de nossa equipe de novo, e foi uma festa.

O episódio Faça DC Sorrir sem dúvida foi divertido, mas para mim aquela vez foi suficiente. Já para Massoud Adibpour era uma história completamente diferente. Sua atitude positiva era genuína, e sua persistência, incessante. Ele nunca demonstrou decepção nem sofrimento, mesmo quando fomos rejeitados ao tentar recrutar pessoas. Com um sorriso aparentemente permanente, ele se dedicou a me mostrar a maneira certa de acenar, os cartazes certos a exibir e a maneira certa de convidar as pessoas a se juntarem a nós. Sua energia feliz e calma era contagiante.

Na época que o conheci, ele vinha mostrando os cartazes toda semana havia mais de um ano, no verão quente e no inverno frio, sem nenhuma recompensa monetária. Aquele rapaz inteligente e altamente instruído poderia usar seu tempo para fazer qualquer outra coisa, como ter um segundo emprego ou começar o próprio negócio. De um ponto de vista puramente econômico, Faça DC Sorrir não tinha nenhum sentido.

"Não se pode comprar a felicidade", ele respondia com naturalidade.

Adibpour tinha largado seu emprego bem pago de consultoria porque não via sentido nele, mas encontrara sentido no projeto Faça DC Sorrir, e aquela sensação de propósito parecia tê-lo vacinado contra o fato de ser constantemente rejeitado por estranhos. "A rejeição é um sentimento terrível, principalmente quando faz frio", explicou. "Mas me acostumei a ela. Nem todo mundo sorri ou nota minha presença. Pouco a pouco, à medida que faço os outros felizes, eu mesmo fico mais feliz."

O exemplo de Adibpour demonstrou que a felicidade nem sempre vem do dinheiro, do conforto ou da aceitação. É por isso que algumas das pessoas mais brilhantes e influentes gastam seu tempo e energia dedicando-se a coisas cuja recompensa é apenas intrínseca. Madre Teresa não dirigia fundos de investimentos, e Martin Luther King Jr. não entrou nos negócios imobiliários. Em vez disso, passaram a vida inteira defendendo causas que eram significativas para eles, embora tenham passado por inúmeras dificuldades e rejeições.

ENCONTRE A EMPATIA

As experiências que tive parado na rua pedindo coisas diferentes – fosse dinheiro ou apenas atenção – foram das mais difíceis em minha jornada de rejeição. Sentia-me constantemente julgado por estranhos que avaliavam meu visual, o modo como eu me comportava e o que pedia. Não era nada legal quando as pessoas abaixavam a cabeça para não me olhar ou apressavam o passo para não reconhecer minha existência.

Mas essas experiências também me fizeram pensar sobre os pedintes reais que encontrei. Eles não estavam tentando ser nobres nem realizar experimentos sociais. Pediam dinheiro por razões que eu desconhecia. Sob um calor escaldante ou um frio enregelante, em meio a nuvens de fumaça de escapamentos e oceanos de ruídos, através de balas de zombaria e flechas de julgamento, a mendicância parecia o pior emprego do mundo.

Havia uma distância gigantesca entre a minha vida e a vida dos mendigos que eu costumava encontrar diariamente no caminho para o trabalho em Austin. Embora vivêssemos na mesma cidade e respirássemos o mesmo ar, nossos mundos eram radicalmente diferentes. Porém, minhas próprias experiências com a rejeição na rua despertaram em mim uma empatia que nunca achei que sentiria com relação a mendigos. Também me deram o desejo de conhecê-los e de entender seu mundo.

100 DIAS DE REJEIÇÃO: ENTREVISTAR UM MENDIGO

Um dia, em uma de minhas experiências de rejeição, abordei um pedinte que estava parado em uma esquina perto do semáforo da rampa de saída de uma movimentada rodovia, e perguntei se poderia entrevistá-lo. Não fazia ideia se ele aceitaria. Haveria uma conversa ou seria outra rejeição?

Ele parecia ter uns 60 anos, e sua barba branca cheia na hora me lembrou Papai Noel. Usava óculos escuros e um boné de beisebol estampado com a palavra "veterano". Trazia no pescoço uma corrente com chapas de identificação militar. Também carregava um grande cartaz que dizia "Veterano Incapacitado". Não havia engano em sua mensagem e identidade.

O nome dele era Frank. Embora tivesse concordado com a entrevista, olhou ao redor, inquieto, como se precisasse conferir se estava em algum tipo de enrascada.

Nos dez minutos seguintes, ele me contou uma história notável. Natural de Michigan, Frank lutara na Guerra do Vietnã, mas por causa de um ferimento em batalha não pôde mais trabalhar. Sua lesão cerebral o deixou com um problema de fala, o que tornava difícil entender o que dizia. Ele vinha esperando havia mais de 18 meses que o governo aumentasse o benefício destinado a veteranos incapacitados para poder ter mais do que apenas alimento e abrigo, mas o benefício ainda não fora autorizado.

O pior de tudo isso era que Frank e a esposa tinham um filho de 6 anos que era do tamanho de uma criança de 3, devido a uma grave doença cardíaca. A cirurgia fora marcada no Hospital Pediátrico em Corpus Christi, uma cidade 402 quilômetros ao sul de Austin. Frank estava pedindo esmola na rua para que pudessem fazer a viagem, durante a qual teriam de ficar em um hotel por duas semanas mais ou menos. Embora o seguro-saúde cobrisse a cirurgia, Frank simplesmente não tinha dinheiro para chegar lá.

Depois de conversarmos durante algum tempo, agradeci a Frank por ter me contado sua história e lhe dei o dinheiro que tinha no bolso. Ele graciosamente me agradeceu. Também fez questão que eu soubesse que ele sentia orgulho do serviço militar prestado a seu país. Ele me perguntou: "Você serviu?" Eu disse: "Não, mas sirvo minha esposa". Frank deu uma gargalhada e por um momento pude ver como ele seria em tempos mais felizes. Seu sorriso o rejuvenesceu dez anos.

Depois de um aperto de mão, Frank voltou para seu posto, e eu para meu carro, com o coração pesado. Frank havia enfrentado incontáveis tipos de rejeição e desgraça. E agora lá estava ele, um pai orgulhoso e desesperado que um dia servira e se sacrificara por seu país, sendo rejeitado por centenas e centenas de motoristas que passavam. Se eles conhecessem a história de Frank, poderiam parar. Ele levaria apenas algumas horas para obter o dinheiro de que precisava, não dias nem semanas.

Em uma palestra na Real Sociedade para o Incentivo das Artes (RSA), Brené Brown, pesquisadora social da Universidade de Houston, descreveu a diferença entre solidariedade e empatia: "A empatia incentiva a conexão, enquanto a solidariedade causa desconexão", disse. "Empatia é sentir com as pessoas [...] É quando alguém está no fundo de um buraco e grita: 'Estou preso, está escuro, estou sobrecarregado', e então olhamos, dizemos 'Oi' e descemos, falando: 'Sei como é aqui embaixo e você não está sozinho'. Solidariedade é [alguém dizer lá de cima] 'Ah! Muito ruim, não é? Você quer um sanduíche?'"

Fui solidário a muitas causas e a muitas situações que sempre me pareceram remotas e fora da minha alçada. Mas agora sinto empatia pelos mendigos que pedem dinheiro para ajudar a família. Não tinha como confirmar o que Frank me contara, mas para mim não importava, porque sabia como era horrível ficar na rua pedindo dinheiro. De certo modo, me senti grato pela rejeição que experimentei quando pedi dinheiro, pois isso me deu a chance de descer até o fundo do buraco onde estava Frank, só por um momento, para saber como era.

Stephen Covey, autor do *best-seller Os 7 hábitos das pessoas altamente eficazes*, disse: "Quando você demonstra uma profunda empatia pelos outros, a energia defensiva deles diminui e é substituída por uma energia positiva. É quando você consegue ser mais criativo para resolver problemas". E Jack Welch, o antigo CEO da General Electric, um homem por muitos considerado um dos melhores líderes de negócios de todos os tempos, disse: "Se você tem tudo de que precisa em termos de talento e habilidade, sua humanidade virá a ser sua virtude mais atraente para uma organização". Qualquer rejeição pode ser uma oportunidade para a empatia se olharmos para ela da maneira certa. Podemos permitir que a rejeição nos derrube, mas também podemos permitir que nos torne mais abertos, que nos force a entender e a ajudar os outros.

ENCONTRE O VALOR
100 DIAS DE REJEIÇÃO: ENTREVISTAR UMA FISICULTURISTA

Como mencionei anteriormente, ao longo de meus 100 dias de rejeição, recebi muitos pedidos, alguns bem excêntricos. Um dos mais estranhos veio de John, 49 anos, carteador de um cassino na Califórnia. Mais do que qualquer outra coisa, John queria que eu entrevistasse uma fisiculturista.

O pedido por si só já era bem incomum, para dizer o mínimo, mas ainda havia a persistência de John. Na primeira vez que me fez o pedido, ignorei a ideia por ser bizarra e por não se adequar à minha personalidade ou a meus interesses. Também não achei o pedido tão desafiador. Por que eu teria medo de pedir uma entrevista a uma fisiculturista? E entrevistá-la sobre o quê? Eu nem mesmo tinha certeza se ele falava sério ou se estava brincando. Então o ignorei. Mas ele me enviou o pedido de novo – e de novo e de novo. Chegou até a me enviar vídeos de mulheres fisiculturistas se apresentando em competições, tentando me convencer da beleza delas. Na vigésima vez, comecei a ficar curioso – não sobre o pedido ou sobre fisiculturismo, mas sobre sua tenacidade e argumentação. Então escrevi para ele, perguntando por que queria tanto que eu fizesse isso.

Acontece que John sempre fora fascinado por mulheres fisiculturistas. Ele queria descobrir o motivo que levava uma mulher a entrar em um campo dominado por homens, e entender como elas valorizam a beleza. Ele já tinha tentado abordar algumas fisiculturistas, mas fora repelido, então desenvolveu esse medo paralisante de rejeição das próprias pessoas que mais admirava. Chegou a um ponto em que teve de me pedir para realizar o desejo por ele.

Sua história deu mais sentido ao pedido, mas ainda não sabia como encaixar essa entrevista na minha jornada de rejeição, então disse educadamente "não".

Mas John não desistiu. Continuou insistindo. Toda vez que eu postava um novo vídeo, ele me deixava incentivos no espaço destinado aos comentários, mas também implorava para que entrevistasse uma fisiculturista, explicando quanto isso significaria para ele.

Falei antes como cada rejeição tem um número. Para John, esse número foi 44. Depois de me pedir 44 vezes, finalmente cedi e disse

Descobrindo o significado   171

"sim". Afinal de contas, é difícil dizer "não" a algo tão importante para um fã leal.

Enviei mensagens através do LinkedIn para três fisiculturistas na região de Austin, pedindo uma entrevista. Uma delas concordou. Seu nome era Melanie Daly. Nascida em Austin, tinha uma pequena, mas bem-sucedida, academia e várias medalhas de ouro que ganhara em competições de fisiculturismo natural por todo o país.

Na entrevista, Melanie respondeu a todas as perguntas de John, algumas bem pessoais. Ela falou sobre a razão de ter se tornado fisiculturista e sobre o que a motivara a dar o máximo em sua profissão.

Melanie também revelou um fato inesperado sobre sua ocupação. As fisiculturistas, em geral, têm de enfrentar constantemente seus próprios temores de rejeição. Têm medo de sua própria rejeição e da dos outros. Como investem uma enorme quantidade de trabalho e de tempo no próprio corpo, ela explicou, costumam ficar apavoradas com imperfeições e são muito inseguras. Frequentemente elas rejeitam a si mesmas.

Além disso, mulheres fisiculturistas geralmente se sentem rejeitadas pela sociedade. Quando as pessoas pensam na beleza feminina, as imagens que vêm à mente não costumam envolver músculos grandes nem levantamento de peso. Como Melanie e suas colegas fisiculturistas tinham noções diferentes de beleza e saúde em relação ao restante da sociedade, todos os dias enfrentavam críticas e rejeição, principalmente no universo do namoro.

Com relação a isso, John tinha mais em comum com as pessoas que tanto admirava do que podia imaginar.

A persistência de John me fez pensar: o que me faria insistir depois de mais de 40 rejeições? Ou 400 rejeições? Ou quatro mil? Talvez um bom negócio com um carro, um trabalho maravilhoso, uma carreira bem-sucedida. Definitivamente, um bom casamento e o bem-estar de meus entes queridos. Quanto maior fosse o número, mais valiosas se tornavam as coisas pelas quais estaria disposto a sofrer uma rejeição. Com relação a amor, amizade e saúde, no entanto, percebi que o número se aproximava do infinito.

Quando não sabemos quanto queremos alguma coisa nem quanto a valorizamos, a rejeição pode se tornar quase uma vara de medição. Algumas das pessoas mais bem-sucedidas obtiveram reconhecimento *somente* depois de passar pela rejeição mais angustiante. Foi por causa daquela rejeição que descobriram quanta dor estavam dispostas a aturar a fim de alcançar seu objetivo.

O comediante Louis C. K. decidiu que queria ser humorista e escritor quando ainda era garoto, em Boston. Dotado de uma rara combinação de ousadia e coragem, irreverência e empatia, espontaneidade e perspicácia, Louis C. K. desabrochou realizando o sonho de sua vida. Aos 40 e poucos anos, já tinha conquistado mais do que a maioria dos humoristas poderia esperar.

Como humorista *stand-up*, ele frequentemente se apresenta nos mais populares programas de entrevistas da TV, e os ingressos para suas turnês geralmente se esgotam em poucas horas. Os DVDs de seus especiais de uma hora arrecadaram milhões, e ele chegou a ter seu próprio programa na HBO. Foi indicado a 30 prêmios Emmy, tendo ganhado cinco deles.

Dado seu talento inato e o fato de ter conseguido alcançar a carreira de seus sonhos, você poderia achar que o sucesso de Louis C. K. foi o resultado natural de todos os golpes de sorte certos. Mas isso não podia estar mais longe da realidade. Na verdade, ele foi rejeitado inúmeras vezes na busca por seu sonho. E foi *por causa* dessas rejeições que ele descobriu quanto queria fazer carreira na comédia.

Quando tinha 17 anos, Louis C. K. fez sua primeira apresentação de *stand-up* durante uma noite de microfone aberto em um clube noturno de Boston, quando aspirantes a humoristas sobem ao palco para contar piadas. O público nesse tipo de evento costuma ser bem difícil, e geralmente vaia para tirar a pessoa do palco. É um modo desesperador de testar seu talento para quem tem o sonho de ganhar a vida com humor, e uma maneira igualmente conveniente para desistir do sonho depois da rejeição pública.

Sem saber nada sobre o lugar e sem nunca ter feito *stand-up* antes, Louis C. K. passou dias preparando material para duas horas de show até achar que estava ótimo. Mas o público teve outra opinião.

Depois de apenas um minuto e meio "as pessoas apenas me encaravam", ele lembrou em uma entrevista sobre sua carreira no *Howard Stern Show*. Após contar uma piada que nitidamente fora um fracasso absoluto, ele disse: "Acho que isso é tudo", e saiu do palco, humilhado. O apresentador continuou a zombar dele por dez minutos depois disso. "Foi uma sensação horrível e eu quis morrer", disse Louis C. K.

Mas ele reuniu coragem para tentar de novo. Um famoso comediante da cidade o colocou diante de um público ainda maior, sem nenhuma preparação. "Foi horrível", lembra Louis C. K. "Literalmente, minhas mãos tremiam e meu coração batia tanto que minha cabeça ficava balançando para cima e para baixo." Nem é preciso dizer que essa vez foi ainda pior e que ele fracassou de novo.

Essas experiências de ser jogado aos lobos teriam feito muitos jovens sonhadores acreditarem que não têm talento ou que a carreira com a qual sonham não é tão glamorosa como imaginavam. Na popular cultura do "fracasse rápido" a que muitos empreendedores e empresas se agarram agora, a maioria das pessoas, se não todas, teria concluído que fazer humor *stand-up* não era para elas. A maioria teria tentado outra coisa, talvez algo que não envolvesse tamanha exposição pública.

Questionado sobre por que não desistiu àquela altura, Louis C. K. explicou: "Um tempo se passou e pensei, bom, não morri e ainda estou interessado. Foi ruim quando estava acontecendo, mas agora estou curado, e ainda estou interessado em tentar de novo. Superei a sensação ruim. Posso lidar com essa sensação ruim".

Ele batalhou na obscuridade dos clubes noturnos de Boston por oito anos, lutando para pagar as contas. Muitas noites, teve de se apresentar para salas literalmente vazias nos clubes porque, no caso de alguém entrar, precisava haver algum show em andamento.

Uma noite, Jim Downey, diretor do *Saturday Night Live* – que sempre foi o palco dos sonhos, capaz de mudar a vida de um humorista –, estava na cidade em busca de novos roteiristas de talento. Ele selecionou todos os humoristas que entrevistou – *menos* Louis C. K. Foi como se o universo tivesse lhe passado a mensagem mais clara possível para desistir. Mas mesmo assim Louis C. K. não desistiu. As rejeições, na verdade, foram um verdadeiro teste de coragem. Ele tinha sido rejeitado da maneira mais drástica possível e ainda assim não queria desistir. Essa percepção lhe deu forças para continuar na comédia apesar dessas experiências iniciais. Mais tarde, sua "sorte" finalmente mudou quando foi descoberto pelo apresentador Conan O'Brien e conseguiu emprego como roteirista. O resto é história. Mas quando você pensa no histórico de sua jornada, essa "sorte" não aconteceu por acaso, de jeito nenhum. Foi resultado de sua capacidade de suportar múltiplas e devastadoras rejeições ao longo de muito tempo.

A maioria das pessoas cresce alimentando grandes sonhos, seja tornar-se presidente do país, ganhar a vida como cientista ou como humorista. Mas quase todos abandonam esses sonhos de infância. À medida que vamos crescendo, refletimos e aprendemos que não temos realmente a combinação de paixão e impulso ou talento para concretizar esse sonho. Ou aprendemos pela rejeição que o mundo não é receptivo ao nosso empenho. Então, mudamos de curso, geralmente encontrando sucesso em outras profissões. De novo, essa é a "vantagem de desistir" da qual falam os economistas e autores Stephen Dubner e Steven Levitt.

No entanto, algumas pessoas não desistem, mesmo depois de serem inicialmente – ou repetidamente – rejeitadas pelo mundo. Elas se tornam quem sempre quiseram ser porque através das piores rejeições aprenderam quanto seu sonho significava para elas.

Dostoievsky certa vez disse: "A única coisa que temo é não ser digno de meus sofrimentos". O mesmo vale para a rejeição. Seu sonho é maior do que suas rejeições? Se for, talvez seja hora de seguir em frente, em vez de desistir.

ENCONTRE A MISSÃO

Na maior parte do tempo, quando falamos sobre rejeição, estamos falando de uma pessoa ou de um grupo dizendo "não" a outro. Mas às vezes os eventos são tão profundos e capazes de alterar a vida de alguém que as pessoas acabam se sentindo rejeitadas pelo destino ou por Deus. Como uma pessoa encontra significado quando seu mundo vira de cabeça para baixo – ou, como no caso do major Scotty Smiley, fica literalmente às escuras?

Muitos de meus colegas na Faculdade de Administração da Duke eram incrivelmente inteligentes e criativos. Alguns se tornaram líderes empresariais e empreendedores. Mas, se você me perguntar qual foi o colega que mais me impressionou e me impactou, diria que foi Scotty Smiley.

Na época, Smiley era primeiro-tenente do Exército dos Estados Unidos e tinha servido no Iraque. Em 6 de abril de 2005, seu pelotão notou um veículo suspeito, guiado por um homem, seguindo em direção ao seu posto. Smiley era o mais próximo do veículo e disparou um tiro de advertência, mas o motorista não parou. O tenente Smiley tinha de tomar uma decisão. Poderia mirar no motorista e pará-lo com uma bala, ou disparar outro tiro de advertência, tentando poupar a vida do sujeito. Escolheu, fatalmente, a segunda opção. Smiley lembra-se de ver o motorista olhar para ele e, então, um segundo depois, detonar o carro-bomba. Smiley estava bem mais perto do veículo do que o restante do pelotão – ele tinha propositalmente tentado parar o veículo antes que se aproximasse mais de seus homens –, então a bomba não feriu ninguém a não ser ele.

A lembrança seguinte de Smiley é de estar deitado numa cama de hospital. Alguns estilhaços tinham penetrado em seu olho esquerdo até o cérebro, e o médico disse que ele nunca mais enxergaria.

Smiley nos contou essa história no início do curso. "Costumam dizer que o maior medo do homem é ficar cego", ele disse. "Conheci esse medo naquele dia."

Profundamente religioso, Smiley se sentiu rejeitado por Deus. Por que Deus tinha tirado sua visão? Sua vida entrou em parafuso. "Achava que minha vida tinha sido tirada de mim", ele contou à Fox News durante uma entrevista sobre suas experiências. "É difícil para qualquer um lidar com isso. Negação, raiva, ressentimento, medo... não sabia o que pensar."

Ele também estava com medo de ser rejeitado pelo Exército, que tinha se tornado a base de sua vida e de sua carreira. Em quase todos os casos, essas lesões incapacitantes significam desligamento do serviço militar.

Mas Smiley não estava disposto a aceitar esse destino. Ele queria prosseguir com sua vida e vivê-la plenamente – *dentro* do Exército. Ele disse à nossa classe: "Não queria ser como o tenente Dan Taylor", personagem do filme *Forrest Gump, o contador de histórias*, que fica amargo depois de perder as pernas na Guerra do Vietnã.

Então Smiley se antecipou à inevitável decisão do Exército tomando ele mesmo uma decisão. Em vez de discretamente se aposentar, entrou com uma petição para continuar na ativa, realizando trabalhos que ajudassem e motivassem outros soldados feridos. O Exército concordou, e Smiley se tornou o primeiro oficial cego do Exército em serviço.

Nesse meio-tempo, ele escalou o Monte Rainier, esquiou no Colorado, surfou no Havaí, saltou de paraquedas e completou um triatlo. Recebeu a medalha Purple Heart e uma Estrela de Bronze do Exército. E, em 2008, venceu um prêmio ESPY[8] como o Melhor Atleta de Esportes ao Ar Livre do mundo. Depois de completar um MBA na Universidade Duke, começou a ministrar um curso de liderança na Academia Militar americana, a West Point, e se tornou comandante da Unidade de Transição de Soldados no centro médico de West Point. Recentemente, recebeu o prestigiado prêmio MacArthur de liderança no Exército e foi promovido a major. Também escreveu o livro *Hope Unseen*, contando sua história.

A profunda fé de Smiley nunca mais esmoreceu. Sua missão passou a ser contar sua história para inspirar milhões de soldados, atletas, fiéis e pessoas comuns a mudarem suas perspectivas sobre o que a "rejeição" significa e ensinar a todos como transformar circunstâncias adversas em força, motivação e missão de vida.

A história de Scotty Smiley me inspira até hoje. Estive na mesma sala de aula que ele durante meu primeiro ano na faculdade. A não ser por usar um software especial para cegos, que lia a lição e o material do curso para ele, Smiley participava das aulas como todo mundo. Lembro que um dia depois da aula o ajudei a caminhar até a frente do prédio da faculdade, onde sua família o esperava. Ele abraçou a bonita e amorosa esposa, Tiffany, e levantou e beijou seu filhinho, depois me fez um gesto de adeus.

Costumo sentir muita pena de deficientes físicos. Mas, naquele momento, percebi que não poderia de jeito nenhum me sentir mal por Scotty Smiley. Pensei comigo mesmo: *Meu Deus, que cara! E que privilégio conhecer esse homem!*

Perder a visão foi uma tragédia. Mas, em vez de ser definido pela tragédia como tantos outros fariam, Scotty decidiu se definir por meio

---

8. ESPY, sigla em inglês para Prêmio Anual de Excelência em Performance Esportiva. A premiação foi criada pelo canal ESPN. [N. T.]

de sua reação. De certo modo, ele encontrou uma nova missão na vida através de sua rejeição e transformou uma história de tragédia em outra, repleta de significado e alegrias. Porque escolheu fazer isso.

De alguma maneira, essas histórias me fazem lembrar de uma mais sombria e profunda: a do dr. Viktor Frankl. Eu li o livro de Frankl, *Em busca de sentido*, muitos anos atrás, e sua mensagem nunca mais saiu da minha cabeça. O livro descreve a época que foi obrigado a passar em campos de concentração nazistas. Ele e os demais prisioneiros foram privados de tudo o que era valioso para eles: conforto, segurança, respeito pela dignidade humana, justiça. Muitas vezes a vida e a morte eram decididas ao acaso, baseando-se nos caprichos e no estado de ânimo de guardas sádicos. No entanto, Frankl descobriu algo nessa experiência que ninguém achava ser possível: significado.

Frankl descobriu que, mesmo em meio a um grande sofrimento e à ausência de liberdade física, podia encontrar significado em sua condição, fosse para se fortalecer espiritualmente, fosse para ajudar outros prisioneiros. Ter um significado não apenas evitou que ele perdesse a esperança e terminasse com a própria vida, como também lhe deu a liberdade para escolher que tipo de atitude exibiria naquelas circunstâncias.

Podemos não ter a liberdade para controlar nossa situação, mas temos liberdade para encontrar significado em cada experiência – mesmo que de rejeição –, seja empatia, valor ou uma nova missão de vida.

Lições

1. Encontre a empatia: todas as rejeições são compartilhadas por muitas pessoas no mundo. Pode-se usar a rejeição e o sofrimento para obter empatia e compreensão dos outros.

2. Encontre o valor: repetidas rejeições podem servir como medida para avaliar a determinação de uma pessoa e quanto ela acredita em suas ideias. Algumas das histórias de maior triunfo só aconteceram depois de terríveis rejeições.

3. Encontre a missão: às vezes, as rejeições mais brutais na vida assinalam um novo começo e uma nova missão para o rejeitado.

11

Descobrindo a liberdade

Dizem que ninguém obteve mais glórias terrenas do que Alexandre, o Grande, durante seu reinado como imperador da Macedônia. Sem nunca ter sido derrotado em uma batalha, Alexandre conquistou um território que se estendia do Leste Europeu até o Norte da África e o Sudeste Asiático. Sua presença enchia de medo o coração de cada homem que encontrava, menos um.

Certo dia, quando o exército de Alexandre cruzava o rio Indo, na Índia, ele encontrou um homem sentado na floresta, nu, em posição de lótus, olhando para o céu. O homem era conhecido como o gimnosofista, ou o "filósofo nu". Surpreso, Alexandre perguntou ao homem o que ele estava fazendo. O gimnosofista respondeu: "Estou experimentando o nada. O que *você* está fazendo?" Ao que Alexandre retrucou: "Estou conquistando o mundo". Então ambos riram com a tolice um do outro[9]".

Alexandre e o gimnosofista não conseguiram entender um ao outro porque viviam em paradigmas diferentes. Alexandre, que fora treinado

---

9. Fonte da história: Devdutt Pattanaik, *East vs. West – The Myths That Mystify*. TED India, novembro de 2009. [N. A.]

na filosofia grega linear de Aristóteles e acreditava em conquistas espetaculares em sua única vida, achava que o gimnosofista estava perdendo tempo sentado ali sem fazer nada. O gimnosofista, por sua vez, tinha a crença asceta de que o verdadeiro significado da vida vem da abstinência dos prazeres mundanos. Ele achava que Alexandre estava perdendo o tempo *dele* conquistando o mundo, algo que, para o gimnosofista, significava pouco no grande esquema das coisas.

Contudo, tanto Alexandre quanto o gimnosofista indiano estavam na realidade conquistando o mundo. Alexandre estava conquistando o mundo coletivo e objetivo no qual todos vivemos, e o gimnosofista estava conquistando o mundo individual e subjetivo no qual apenas ele vivia. Ao longo de toda a história, a humanidade vem se esforçando para descobrir e conquistar esses dois mundos. Na verdade, é no ponto em que o mundo interno e o externo se cruzam que ocorre a maioria das incríveis e profundas descobertas artísticas, religiosas e filosóficas.

Comecei minha jornada de rejeição com uma meta bem clara: superar a rejeição a fim de me sentir livre para assumir mais riscos nos negócios e na carreira. Em outros termos, estava concentrado no mundo externo e em como lidar melhor com ele. Mas, no final, a maior surpresa de minha jornada foi quanto a superação da rejeição mudou meu mundo interno e o modo como eu percebia o mundo e eu mesmo. Internamente, tinha encontrado um sentimento de liberdade e paz. E não fazia ideia de quanta dependência mental e psicológica havia me escravizado até ser capaz de eliminá-la.

LIBERDADE PARA PEDIR
100 DIAS DE REJEIÇÃO: PILOTAR UM AVIÃO

Ao me aproximar do fim de minha jornada de rejeição, ouvia mais vezes "sim" do que "não". Quando pedi a um estranho na rua para jogar pedra-papel-tesoura-lagarto-Spock – uma versão maluca do jokenpô clássico –, ele aceitou na hora. No dia seguinte, visitei o restaurante de fast-food Sonic, onde os funcionários usam patins para servir comida aos clientes que esperam dentro do carro. Perguntei se podia pegar emprestado um par de patins para me divertir. Eles pediram que eu assinasse um recibo, e lá fui eu. Na minha experiência seguinte, vi uma equipe de construção operando um caminhão-guindaste que colocava um cartaz comercial em cima de um prédio. Perguntei se poderia subir naquilo, e eles me puseram no guindaste, levantaram-me a 15 metros do chão e me balançaram de um lado para o outro, só de farra.

Eu estava me divertindo bastante fazendo todas essas coisas estranhas e legais, mas também estava um pouco frustrado com todos esses "sins". Não sabia ao certo se eu tinha ficado tão bom em pedir coisas que as pessoas não conseguiam recusá-las, ou se meus pedidos estavam fáceis demais. Por mais estranho que possa parecer, realmente queria mais rejeições para alcançar algum equilíbrio em meu aprendizado. Então, decidi tentar uma experiência de rejeição pedindo algo que não me deixariam fazer de jeito nenhum.

No experimento de rejeição número 92, fui ao aeroporto da cidade e perguntei a um piloto chamado Desmond se ele me deixaria pilotar seu avião. Eu não tinha licença, experiência e, francamente, nem coragem para pilotar um avião. Simplesmente pedi para ser rejeitado.

Mas Desmond disse "sim".

Acontece que ele era dono de um giroplano, um tipo de aeronave pequena e aberta que se parece com uma miniatura de helicóptero e pode decolar e pousar com facilidade. Para mim, lembrava mais uma motocicleta do que um avião.

Na verdade, Desmond era um entusiasta de giroplanos, e ele nunca perdia a chance de contar às pessoas como sua aeronave era incrível. O que eu pensava ser um pedido maluco foi, na verdade, uma oportunidade para Desmond compartilhar algo que amava.

Para garantir que eu não cairia e morreria, ele subiu comigo para me ensinar a pilotar a aeronave. Era bem diferente dos jatos comerciais gigantescos com os quais estava acostumado. E exatamente por essa razão aprendi o que era voar de verdade, e talvez o que os irmãos Wright e os primeiros pilotos sentiram quando estavam no ar.

Antes daquele dia, quando pensava em voar, pensava em filas longas e frustrantes, em tirar o cinto e os sapatos ao mesmo tempo que segurava as calças para não caírem, em passar pelo escâner corporal imaginando se um dia isso me daria câncer, em me sentar no carpete sujo para recarregar meu celular enquanto esperava o voo atrasado, em lutar por espaço no compartimento de bagagem perto do meu assento e por espaço no apoio de braço em relação ao passageiro ao lado, em espiar ansiosamente pela janelinha do avião para ter um vislumbre do céu.

Mas, no giroplano, me senti um pássaro. Não é à toa que Desmond ama tanto essa máquina! Ele me ensinou a virar, a planar e a subir mais. Fizemos voltas de 360 graus, mergulhos e curvas fechadas. Um minuto estava a 60 centímetros de um milharal, como uma gaivota planando sobre o mar, e no minuto seguinte estava a centenas de metros no céu, como uma águia.

Foi o melhor voo da minha vida.

Depois que aterrissamos, fui consumido por um único pensamento: *E se eu nunca tivesse perguntado a Desmond se poderia pilotar seu avião? Teria perdido essa experiência toda. Nem mesmo saberia que giroplanos existem.*

Revendo meus 100 dias de rejeição, havia inúmeras experiências que eu não teria vivenciado se não tivesse perguntado, desde as mais tolas até as mais profundas: conseguir donuts olímpicos, fazer um apresentador de *talk-show* cantar para meu filho em rede nacional, aprender a ser recepcionista e pedinte, ser professor e assistente de gerente por um dia, passear por uma estação do Corpo de Bombeiros e por um hotel, comprar um McGriddle no meio da tarde, reunir uma equipe para provocar sorrisos em Washington, fazer um discurso na rua e aprender mais sobre o fisiculturismo feminino do que achei possível. Tenho muitas lembranças incríveis que nunca teria formado.

Essas experiências não teriam acontecido se eu não as tivesse buscado, e elas só existiram porque eu havia pedido.

Sim, aprendi a fazer meus pedidos de maneiras mais artísticas e científicas, e a manobrar a rejeição quando ela surge. E, sim, ainda sou rejeitado. Todos que começarem essa mesma jornada serão rejeitados em algum momento do caminho. Mas, se nem mesmo fizermos o pedido, estaremos nos rejeitando por antecipação – e provavelmente perdendo uma grande oportunidade por causa disso. Um levantamento feito em 2011 pela empresa de consultoria Accenture descobriu que menos da metade dos americanos em idade de trabalho (44% das mulheres e 48% dos homens) já pediu um aumento. No entanto, em termos estatísticos, 85% dos que pedem são atendidos.

Meu filho Brian, de um ano e meio, nunca hesita em me pedir coisas. Seu dedo é como uma varinha mágica, apontando para o que deseja. Embora ele possa ser rejeitado por mim, nunca tem medo de pedir. Tenho certeza de que eu fazia a mesma coisa quando era criança; somos todos assim, em algum ponto em nossa vida.

Porém, à medida que crescemos e ficamos mais "espertos", aprendemos que nem sempre conseguimos o que queremos e que às vezes precisamos ser ponderados ao fazer pedidos. Claro, pedir 100 dólares constantemente a seu amigo pode não ser uma boa ideia, e você pode ficar rapidamente sem amigos. Entretanto, deixamos o pêndulo dos pedidos se inclinar demais na direção de não pedir o que queremos por medo da rejeição. Paramos de fazer pedidos em detrimento de nossos sonhos, aspirações e relacionamentos. Começamos a ficar excessivamente tímidos e cautelosos, e a dar desculpas para nós mesmos sobre como não deveríamos incomodar os outros, como seríamos rejeitados de qualquer modo, como vamos pedir um dia, "quando for a hora certa", mesmo que "a hora certa" nunca chegue. Contamos a nós mesmos todas essas mentiras por causa de uma coisa: queremos evitar a rejeição.

Meus 100 dias de rejeição me ajudaram a abandonar tudo o que eu havia aprendido sobre medo de rejeição e a voltar a um estado bem anterior, aquele em que meu filho, Brian, está agora. Sinto que posso pedir tudo que quero ou de que necessito sem temer a rejeição, os julgamentos e a desaprovação. Aprendi que coisas maravilhosas podem acontecer quando me abro e dou o primeiro passo, e minha empolgação com essas possibilidades passou a neutralizar qualquer medo que eu sinta de uma possível rejeição. De certo modo, não tenho mais medo das pessoas, e nunca me senti assim antes.

LIBERDADE PARA SE ACEITAR

Quando você não sente mais medo, essa postura começa a se manifestar em suas relações pessoais. Lembram-se do meu tio, cujo pouco caso com minha ideia de inventar um híbrido de sapato com rodinhas paralisou meu impulso empreendedor na época da faculdade? Nem sempre concordei com ele, mas sei que meu tio me ama e se preocupa comigo como se eu fosse seu próprio filho. E sempre quis o melhor para mim, tanto em termos de alcançar o sucesso financeiro como de realizar meus sonhos. Mas ele tem uma perspectiva diferente sobre como eu deveria chegar lá. Antes de tudo, nossas diferenças têm a ver com um conflito de gerações.

Meu tio nasceu no período posterior à Segunda Guerra Mundial e passou a infância na China. Depois imigrou para os Estados Unidos com pouquíssimo dinheiro. Trabalhou duro e pouco a pouco conseguiu alcançar seus objetivos. Por fim, realizou o sonho de cursar Direito e estabeleceu uma bem-sucedida carreira como advogado. Para ele, tornar-se advogado era como realizar o sonho americano. Isso também o tornou financeiramente independente, o que até hoje ele acredita ser o objetivo número um de qualquer jovem.

Eu, por outro lado, na qualidade de membro por excelência da Geração Y, não cresci querendo ser rico; cresci querendo ser o próximo Bill Gates, e havia aí uma nítida distinção. Embora

Bill Gates certamente fosse rico, ele também mudou o mundo e ajudou a deflagrar a revolução da informática que gerou grande parte da atual tecnologia da informação. O que mais me atraía era a parte de "mudar o mundo e torná-lo melhor". É por isso que sonhava em me tornar um empreendedor e detestava ser apenas mais um dente de engrenagem na máquina corporativa, não importava quanto me pagassem.

Ao longo da última década, cheguei à conclusão de que foi essa diferença entre nós que levou meu tio a rejeitar sem rodeios minha ideia de sapatos com rodinhas. Ele achava que empreendedorismo e *startups* eram fantasias e que eu deveria escalar a escada corporativa ou obter uma formação profissional para poder ganhar rios de dinheiro.

Porém, será que sua rejeição se deveu de fato às diferenças de valor entre as gerações? Meus 100 dias de rejeição me ensinaram como pode ser perigoso fazer suposições sobre os pensamentos e os motivos de outra pessoa (como no caso da cabeleireira!). A rejeição do meu tio havia acontecido mais de uma década atrás, mas eu nunca lhe pedira que me explicasse o que tinha pensado. Simplesmente imaginei que fosse porque me achava um sonhador.

Então, liguei para ele. Acredite, fazer aquela ligação não foi fácil. Na verdade, foi bem desconfortável. No entanto, disse a mim mesmo que, se tinha pedido a um auditório lotado que me escutasse, então certamente poderia perguntar a meu tio por que ele havia rejeitado minha ideia. Então reuni toda a coragem e a calma que aprendera com a terapia da rejeição e disquei seu número.

Pude sentir que ele ficou um pouco surpreso com minha pergunta. "Bem", ele disse depois de uma pausa curta, "não gostei da ideia. Achei que não iria funcionar."

"Opa... espere aí", falei. "Não foi porque você achava que ser um empreendedor era algo delirante e idiota?"

"Não", ele respondeu em tom pragmático. "Sempre gostei do fato de você pensar grande. Às vezes não era realista, mas você se atrevia a pensar, e isso era bom. Mas, na minha opinião, a ideia simplesmente não era boa."

Ao ouvir isso, me senti ao mesmo tempo aliviado e um pouco idiota. Durante todo esse tempo, tinha achado que meu tio me rejeitara por uma questão de princípio, por achar que eu vivia com a cabeça nas nuvens, que eu não tinha a capacidade necessária para dirigir uma *startup* de sucesso, que eu estava sendo irresponsável e pouco realista. Tinha carregado esses medos comigo por um longo tempo. Mas estava errado. Ele havia me rejeitado porque não ficara convencido de que a ideia que eu tinha apresentado valesse a pena. Se tivesse gostado ou entendido, teria dito "sim" de boa vontade.

Naquele momento, desejei ter feito meus 100 dias de rejeição quando jovem, e não já adulto. Talvez, se tivesse existido na faculdade um curso chamado "Treinamento contra Rejeição" ou "Rejeição 101", eu já teria aprendido todos os princípios a essa altura. Eu não teria compreendido mal essa rejeição nem deixado que ela me afetasse tanto. Poderia ter levado minha vida a outros rumos. Talvez, em vez de Roger Adams inventar a Heelys, eu teria sido o primeiro a concretizar essa ideia.

Se naquela época eu soubesse o que sei agora, teria lidado com essa rejeição de maneira bem diferente. Na verdade, fiz uma lista das lições mais importantes que aprendi sobre rejeição. Desse modo, posso evitar o cultivo de maus hábitos.

A rejeição é humana. Nem a rejeição nem a aceitação são a verdade objetiva sobre o mérito de uma ideia ou de um produto. Em meu caso, confundi a opinião do meu tio com a verdade e, ao fazê-lo, desisti cedo demais.

A rejeição é uma opinião. Ela reflete mais quem rejeita do que quem é rejeitado. Meu tio achava que eu tinha boas ideias, mas para ele aquela ideia específica não funcionaria. Sendo advogado, não era nenhum guru de produtos de consumo nem conhecia a fundo o mercado de possíveis consumidores para sapatos com rodinhas. Além disso, sua opinião estava longe de ser definitivamente certa. Mesmo se ele tivesse sido um gênio no desenvolvimento de produtos como Steve Jobs, ainda assim poderia estar errado sobre minha ideia, como Steve Jobs errou várias vezes em sua carreira.

A rejeição tem um número. Eu poderia ter pedido a opinião de mais pessoas sobre minha ideia, em vez de apenas a meu tio. A julgar pelo sucesso da Heelys, havia a chance de alguém gostar da ideia, e isso teria sido o incentivo de que eu precisava para seguir adiante.

Pergunte "por que" antes de dizer tchau. Se naquela hora tivéssemos tido a conversa sobre o porquê, em vez de anos depois, quem sabe o que poderia ter acontecido? No entanto, deixei a mágoa ditar minha reação e me fechei em uma concha emocional. Não sabia o verdadeiro motivo da rejeição de meu tio até agora.

Recue, não fuja. Poderia ter recuado e apresentado minha ideia a ele de modo diferente; por exemplo, construindo um protótipo de um par de sapatos com rodinhas para ver o que ele achava. Mas, em vez disso, fugi desatinado como um soldado assustado depois de uma derrota sangrenta.

Colabore, não discuta. Poderia ter tornado meu tio um colaborador, pedindo-lhe que imaginasse como ele ou seus filhos poderiam usar aquela minha invenção. Fazê-lo visualizar minha ideia em uma situação real poderia ter comprovado que eu estava no caminho certo, no fim das contas.

Mude o tom, não desista. Meu objetivo era ser empreendedor, não um homem de uma ideia só. Poderia ter "mudado o tom" e voltado outra vez para lhe mostrar uma invenção totalmente diferente em vez de apenas desistir de tudo.

Motivação. Eu poderia ter usado a rejeição como uma ferramenta de motivação, indo atrás da ideia de qualquer forma e demonstrando a meu tio que estava à altura da tarefa, e que a rejeição dele fora equivocada. Sei que ele, como um pai amoroso, teria ficado feliz em se retratar diante de meu sucesso.

Autoaperfeiçoamento. Eu poderia ter usado a rejeição dele para melhorar meu projeto original, fazendo um protótipo melhor e mais prático para lhe mostrar e pedir uma nova opinião.

Mérito. Poderia ter chegado à conclusão de que a rejeição dele possivelmente mostrava a natureza incomum e criativa da minha ideia.

Formação de caráter. Por último, poderia ter usado aquele "não" para me fortalecer em vez de me enfraquecer mentalmente. A rejeição de um parente é uma ótima preparação para a rejeição de futuros consumidores e investidores. Poderia ter dito a mim mesmo: *Se não desisti quando meu tio disse "não", por que deveria desistir quando os outros disseram "não"?*

E, o que é mais importante, teria percebido que não há nada a temer na rejeição.

Com relação a meus sapatos com rodinhas, fiquei com a pior opção: deixei uma única rejeição me impedir de dar continuidade a uma ideia, simplesmente porque alguém que eu amava e respeitava achou que ela não teria futuro.

Mas por que tive de pedir a aprovação do meu tio? Na época, eu buscava aceitação, aprovação e confirmação para aparentemente tudo, fosse algo grande, como a escolha de uma carreira, ou pequeno, como o que comer. O som de um "sim", "vá em frente", "concordo", "boa ideia" era como uma droga, mesmo em situações em que eu poderia facilmente tomar a decisão sozinho.

As milhares de mensagens que recebi durante minha jornada de rejeição me dizem que a busca por aprovação não é apenas problema meu: é uma epidemia. Talvez seja o modo como somos criados, em que atender aos desejos de nossos pais traz aprovação e elogios, e nos recusarmos a fazê-lo significa reprovação e rejeição. Ou talvez a pressão que sentimos para fazer os outros gostarem de nós e nos aceitarem em seus círculos sociais ou no mundo profissional. Ou talvez seja uma tendência genética inata para ansiar por aprovação e temer a rejeição, transmitida por nossos ancestrais. Não importa a fonte, buscar constantemente aprovação faz com que nos curvemos de uma maneira pouco autêntica. Somos forçados a parecer felizes, competentes, sofisticados e dignos para podermos ser aceitos pelas outras pessoas. Então, como cada um age e se adequa de um modo, no longo prazo nos tornamos alguém bem diferente de quem estávamos destinados a ser. Perdemos a criança interior que cresceu querendo ser o presidente, o cientista, o artista, o músico, o próximo Bill Gates.

No fim, o que precisamos de verdade não é sermos aceitos pelos outros, mas sim por nós mesmos. Na realidade, sentir-se confortável com quem somos deveria ser um pré-requisito – e não o resultado – para buscar a aprovação alheia. Deveríamos saber que o que somos é bom o bastante para conseguirmos um "sim" de nós mesmos.

LIÇÕES

1. Liberdade para pedir: por medo da rejeição e do julgamento dos outros, costumamos nos privar da liberdade de pedir o que queremos. Mas coisas maravilhosas podem acontecer depois que damos o primeiro passo.
2. Liberdade para se aceitar: nossa necessidade interior de aprovação nos obriga a buscar constantemente a aceitação dos outros. Mas o que mais precisamos é de nossa própria aceitação.

12

Descobrindo o poder

Descobrir uma liberdade da rejeição dentro de mim mesmo foi uma importante novidade decorrente de meus 100 dias de rejeição. Mas era necessário fazer mais do que isso: eu também precisava agir. Afinal de contas, sonhava em me tornar um empreendedor, não um filósofo ou um guru de autoajuda. E não apenas um empreendedor, mas alguém cujo trabalho tornasse o mundo um lugar melhor de alguma maneira. Então, outra coisa incrível que me aconteceu foi que os princípios que aprendi também me ajudaram a alcançar meus objetivos externos.

100 DIAS DE REJEIÇÃO: SER O PIOR VENDEDOR

A Conferência South by Southwest é um evento enorme de música, cinema e tecnologia que acontece no centro de Austin por mais de uma semana, todos os anos. Milhares de *startups* de tecnologia vão até lá para promover seus sites, suas invenções e seus aplicativos. Todas mostram suas melhores técnicas de vendas, envolvendo você numa onda de entusiasmo, persuasão e sacolas de brindes.

Imaginei o que aconteceria se eu tentasse ser o pior vendedor ali, parecendo confiante, mas sem fazer nenhum esforço para persuadir as pessoas a comprar o que eu vendia. Como as pessoas veriam um cara que fosse totalmente neutro e ignorante em relação ao que estava vendendo?

Passeando pelo Centro de Convenções de Austin, vi duas jovens sentadas em um canto, segurando um punhado de panfletos e parecendo entediadas e indecisas. O modo como se portavam sugeria que tinham pouca confiança ou interesse no que vendiam. Disseram que estudavam na Universidade do Texas e tinham sido contratadas por uma *startup* para distribuir folhetos, explicar a tecnologia da empresa e persuadir as pessoas a se inscreverem em seu site. Quando perguntei se tinham folhetos extras para que eu pudesse ajudá-las na distribuição, a expressão das duas se iluminou. Não podiam ter ficado mais contentes com minha oferta.

Com um punhado de folhetos na mão, comecei meu experimento como "vendedor terrível". Abordei ao acaso estranhos que esperavam o próximo evento ou descansavam de um dia inteiro de palestras. Eu iniciava cada contato perguntando: "Posso divulgar algo para você?" Então dizia que tinha acabado de pegar os folhetos de outros promotores e que não fazia ideia se o produto era bom. Também dizia que não me interessava se pegassem o folheto ou visitassem o site da empresa. Ao mesmo tempo, me esforçava para parecer confiante, mantinha a postura ereta, o contato visual e um grande sorriso. Fui simpático, descontraído e não fui insistente.

As reações das pessoas foram as mais variadas. Um cara me desprezou sem pegar um folheto, outra mulher me disse "Ah, claro" – um falso "sim", pronunciado apenas para se ver livre de mim. Alguém me perguntou como usar o produto, e tive de inventar uma resposta, já que não fazia a mínima ideia. Uma mulher, uma empreendedora que promovia uma tecnologia similar, disse que o que eu estava divulgando fazia basicamente a mesma coisa que o seu produto. Na hora, ela começou a examinar o site da empresa e a compará-lo com o dela, planejando como superá-lo. Inacreditavelmente, outra mulher agarrou um folheto e me disse que o que eu oferecia era exatamente o que ela precisava e vinha procurando. Ela digitou o endereço em seu laptop, rapidamente examinou o site e exclamou um animado "Ótimo!" Foi como se eu tivesse acabado de entregar pizza para alguém que estivesse faminto há dias.

No total, ofereci folhetos a dez estranhos. Cinco pegaram, dois começaram a se inscrever na minha frente, e os outros três rejeitaram minha oferta.

Duas coisas sobre essa experiência de rejeição me fascinaram.

Primeiro, experimentei um lado de vendas que desconhecia. Costumava ver essa área como algo que envolvia uma habilidade de persuasão. Obter um "sim" ou um "não" dependia fortemente de minhas habilidades de comunicação. Mas ali estava eu, tentando ser o pior vendedor possível, sem conhecer nada do produto e sem me importar em fazer a venda. Alguns saíram andando rapidamente, mas outros começaram a conversar comigo mesmo assim porque precisavam do produto ou tinham interesse nele. Isso reforçou a noção de que a aceitação e a rejeição dependem, antes de tudo, da situação da outra pessoa.

Esse episódio também mudou minha perspectiva sobre marketing e vendas. Agora não fazia sentido a noção egocêntrica de que o sucesso da venda se baseia apenas na força pessoal do vendedor, e não na força da compatibilidade entre o consumidor e o que está sendo oferecido. Dessa forma, a rejeição nas vendas é uma coisa *boa* porque elimina pessoas que não precisam de meu serviço ou não o querem. Há um ditado que diz que um bom vendedor consegue vender cubos de gelo a esquimós. Mas por que não mudar o foco e falar com quem está debaixo de um calor de 40 graus, louco por alívio? Ou, se tivermos de vender gelo para esquimós, por que não encontrar aqueles que estão em férias em Las Vegas? Eles iriam gostar bem mais do que os que vivem no Alasca e no Canadá.

A segunda coisa que notei tinha a ver comigo. Como eu não me sentia apegado ao resultado nem pressionado a persuadir ou agradar, pude ser 100% franco e dizer o que queria. Estava cheio de confiança. Mais importante ainda, estava me divertindo. E realmente acho que algumas pessoas perceberam meu bom humor e reagiram a isso.

As pessoas que abordei provavelmente haviam sido bombardeadas por muitos promotores ao longo do dia, cada um deles fazendo um discurso ensaiado ou jogando uma conversa fiada e não solicitada. Ao dizer a elas que eu estava divulgando algo, não fiz rodeios e deixei minha intenção bem clara. Aposto que nenhum outro vendedor começou sua conversa daquela maneira. Aquela franqueza foi uma ótima novidade para mim, e acho que também para as pessoas que abordei. Foi revigorante até mesmo para quem assistiu ao vídeo das minhas tentativas de venda no meu blog:

> "Posso divulgar algo para você? Isso me fez ganhar o dia. Pura honestidade. Incrível." – TheReinmira

> "Isso poderia ser uma estratégia de marketing totalmente nova. :D." – Irrational Action

É claro que não sou nenhum guru de vendas que acabou de descobrir um novo princípio. Embora eu realmente acredite que, em vez de me concentrar em aprender técnicas de vendas, se puder conquistar o medo e começar a me divertir, então tudo, inclusive usar outras técnicas de vendas, ficará bem mais fácil.

Desapego dos resultados

O budismo, o hinduísmo e várias outras religiões e filosofias promovem o conceito do desapego, ou seja, de não levar para o lado pessoal qualquer coisa que aconteça ou deixe de acontecer. No karma yoga, a escritura *Bhagavad Gita* diz que, "ao trabalhar sem apego, alcança-se o Supremo". No *Tao Te Ching*, Lao Tsé escreveu: "Preocupe-se com a aprovação das pessoas e você se tornará prisioneiro delas. Fazer o seu trabalho e então se afastar é o único caminho para a serenidade". Em seu livro *Os princípios do sucesso*, o autor Jack Canfield, criador da série de livros "Canja de Galinha para a Alma", pede aos leitores que "vivam com grandes intenções e pouco apego".

O desapego não precisa necessariamente ser de sua paixão ou de suas ideias, mas se desapegar dos resultados e da possibilidade de rejeição ajuda bastante. Apesar disso, desapegar-se dos resultados não é algo que a maioria de nós faz bem ou defende. Na sociedade e nos negócios, obter resultados – principalmente resultados instantâneos ou de curto prazo – parece ser a única coisa com a qual muitas pessoas se importam e por meio da qual se comparam. Vendedores medem seu sucesso pelo número de vendas que fazem em relação a outros vendedores. CEOs são julgados pelo próximo relatório trimestral de lucros. Cientistas são julgados pelo número de artigos que publicam. Segundo um estudo do LinkedIn sobre o que os usuários colocam em seus perfis virtuais, "orientado para a obtenção de resultados" é a expressão mais comum, porque as pessoas acreditam que seja o mais valorizado pelos empregadores. E geralmente estão certas.

Aprendi que estar unicamente "orientado para os resultados" é mais do que miopia. Essa postura na verdade leva a resultados *piores* no longo prazo porque nos deixa despreparados para obter o *feedback* que poderia nos ajudar ao longo do caminho. Durante minha jornada, comecei a enxergar uma nítida distinção entre as coisas que conseguia e as que não conseguia controlar. No início, eu me preocupava com as coisas que não podia controlar, como a reação das pessoas e o que elas pensavam de mim. Ficava extremamente nervoso e costumava passar uma energia negativa. Depois, quando comecei a me concentrar totalmente no que podia controlar, como fazer contato visual, perguntar "por que", escutar e não fugir depois de um "não", descobri que ficava mais eficaz e confiante em tudo que fazia. Assim me tornei mais destemido para abordar estranhos e me aventurar no desconhecido.

John Wooden, o lendário treinador de basquete que levou a UCLA (Universidade da Califórnia em Los Angeles) a um recorde de dez campeonatos na NCAA em um período de 11 anos, nunca falou a seu time sobre vencer e perder. Se havia alguém que sabia o que era vencer, esse alguém era ele. Apesar disso, ele avaliava o sucesso de seus jogadores pelo esforço, e não pelos resultados. O importante era se prepararem para jogar o melhor que pudessem, não para derrotar o adversário. Foi o que a minha jornada de rejeição me ensinou: jogar o melhor que posso e não me preocupar com os resultados, mesmo quando as apostas parecem impossivelmente altas.

100 DIAS DE REJEIÇÃO — DE ENTREVISTAR OBAMA A ENCONTRAR O GOOGLE

Conforme me aproximava do final da minha jornada de 100 dias, sentia certa pressão para terminar a experiência em grande estilo. Centenas de pessoas me perguntavam o que eu faria no meu centésimo pedido. "Não sei", respondia. "Passar um tempo com a Oprah?" Realmente, não sabia ao certo. Àquela altura, não sentia medo. Porque não me importava com o resultado, estava disposto a pedir qualquer coisa a qualquer um e a qualquer hora. Mas queria que meu centésimo pedido fosse épico.

Então, fiz uma lista de ideias. Eis algumas:

- Pedir para conversar com a Oprah ou tentar ir a um *talk-show* popular como *Ellen*.
- Pedir para entrevistar o presidente Obama ou jogar basquete com ele.

- Tentar conhecer uma estrela do rock.
- Pedir à Ku Klux Klan que mudasse seu credo e fosse a favor da diversidade.
- Pedir aos membros da famigerada Igreja Batista de Westboro que dissessem algo simpático sobre as outras pessoas e sobre o mundo.

Então transformei a lista em uma enquete virtual, perguntando às pessoas qual dessas experiências deveria tentar. A grande maioria votou na entrevista com o presidente Obama, o homem mais famoso no mundo ocidental.

Preparei um plano de ataque. A ideia era gerar tamanho alvoroço nas redes sociais que, de alguma maneira, eu chamasse a atenção de Obama. Usaria o Twitter, postaria um vídeo no YouTube que se tornaria viral e começaria um abaixo-assinado com milhares de assinaturas.

Mas acabei não fazendo nada disso. A verdade é que passar um tempo com gente famosa não significava nada para mim. Eu já estivera na TV em rede nacional. Tinha conhecido alguns de meus autores e heróis empresariais favoritos. Além disso, não queria dedicar todo esse esforço ao que, essencialmente, viria a ser um golpe de relações públicas. Meus seguidores estavam fazendo bastante pressão para que eu tentasse algo "grande", mas era preciso resistir à tentação de buscar a aprovação deles.

Então, rapidamente pus fim à minha campanha de falar com Obama e comecei algo novo. Queria usar minha centésima experiência para resolver um problema real, algo que as pessoas comuns enfrentam diariamente, algo que pudesse de fato mudar a vida de alguém.

E queria que esse alguém fosse minha esposa. Desde que eu desistira de meu emprego para me tornar empreendedor, Tracy foi minha rocha. Sem ela, provavelmente teria encerrado meu blog de rejeição antes mesmo de tê-lo começado. Na verdade, talvez nem tivesse começado nada disso sem seu apoio. Ia para a cama todas as noites agradecendo a Deus por ter me casado com uma mulher tão incrível.

Eu sabia que ela tinha sonhos profissionais. Usar as habilidades que haviam me tornado "à prova de rejeição" para ajudá-la a realizar esses sonhos, como ela havia me ajudado a realizar o meu, parecia ser o modo perfeito de terminar meus 100 dias.

Então certa noite perguntei a ela: "Se você pudesse trabalhar em qualquer empresa no mundo, qual seria?" Ela nem precisou pensar: "O Google!", disse.

Ajudar Tracy a entrar no Google? Essa, sim, era uma causa a que eu poderia me dedicar.

Adorei a ideia porque, em primeiro lugar, seria extremamente difícil. Com seus escritórios ao estilo de parques temáticos, com refeições gratuitas, massagens no local, quadras de vôlei e outros lendários benefícios, o Google tinha se esforçado para criar um ótimo ambiente para seus funcionários. A revista *Fortune* cita constantemente essa empresa como o melhor lugar para se trabalhar nos Estados Unidos. E, sendo tão atraente, milhões de pessoas se candidatam a uma vaga no Google todos os anos, e é notoriamente difícil ser um dos poucos escolhidos. Na verdade, a taxa de aceitação no Google é menor do que 0,5% – mais de dez vezes menor do que a de Harvard. Para entrar, Tracy precisaria derrotar pelo menos outros 200 candidatos.

Em segundo lugar, há poucas coisas na vida que as pessoas associam mais à rejeição do que a procura por emprego. Se eu pudesse usar os princípios que aprendi para ajudar Tracy a se tornar "à prova de rejeição" e entrar no Google, essa seria minha experiência definitiva de rejeição.

Por último, Tracy precisava muito disso. Embora a considerassem uma excelente funcionária e fosse muito respeitada pelos colegas, sua empresa estava passando por maus bocados em seu ramo de atuação. Muitos colegas dela tinham sido demitidos, inclusive seu chefe e alguns amigos próximos. É difícil manter o alto-astral quando se trabalha em um ambiente de guerra. Nunca se sabe o que vai acontecer a seguir. Tracy precisava de uma mudança em sua carreira.

Então ali estava meu desafio final. Iria preparar e guiar Tracy até um emprego no Google. Chamamos o projeto de "Encontrando o Google", em homenagem ao filme de animação da Pixar *Encontrando Nemo*.

Era uma proposta assustadora, porque, assim como criar uma empresa, o projeto de entrar no Google não poderia ser feito "nas coxas". Para abraçar o projeto totalmente, Tracy também teria de abraçar os riscos. Decidimos que ela deveria pedir demissão de seu emprego atual e se concentrar 100% na nova busca de emprego. Era algo que iria consumir tempo e seria arriscado, mas seria divertido. Financeira e emocionalmente, nós nos demos seis meses para ela conseguir um emprego no Google, o mesmo período que ela havia me dado para lançar minha *startup*.

Buscar um emprego é um grande projeto, cheio de altos e baixos, rejeições e aceitações. Começamos listando as coisas que ela podia controlar, como atentar para o *networking*, melhorar seu currículo, se candidatar a vagas, preparar-se para entrevistas. Depois, listamos as coisas que ela não podia controlar, como receber uma resposta a um pedido de *networking*, garantir uma entrevista, fazer as pessoas gostarem dela na entrevista e receber uma oferta de trabalho. Juramos aderir ao ponto mais importante do princípio de se tornar à prova de rejeição, ou seja: nos desapegar de resultados e dar o nosso melhor.

Todos os dias, Tracy se concentrava sem descanso em suas tarefas controláveis. Escrevia a dezenas de antigos e atuais funcionários do Google pedindo uma conversa por telefone, entre eles pessoas de sua rede de contatos na escola, ex-colegas e estranhos. Ela era sempre franca quanto à sua intenção: pedir que a ajudassem a encontrar uma vaga no Google. Rapidamente aprendeu, como eu havia aprendido, que é incrível como as pessoas podem ser solidárias e prestativas se você for honesto e simplesmente pedir. Quase metade de seus pedidos gerou conversas por telefone.

Durante essas conversas, Tracy se manteve 100% autêntica, sem tentar agir de maneira a fazer com que as pessoas gostassem dela.

Algumas se encantaram com ela e expressaram o desejo de ajudá-la, enquanto outras, não. Tracy tentou não ficar intimidada com as conversas que acabaram mal ou com os e-mails que nunca foram respondidos. Ela se concentrou na tarefa que tinha pela frente, e em ser ela mesma.

Logo alguns recrutadores do Google a chamaram para entrevistas, na maioria das vezes devido a referências de funcionários da empresa com quem Tracy tinha conversado por telefone. Primeiro, houve a filtragem feita pelos recrutadores, depois a dos gerentes de contratação, e depois a dos colegas desses gerentes. Tracy se preparou bem para essas entrevistas, e treinávamos vezes sem conta a como ficar calma e dar o melhor possível. Mesmo assim, ela continuava fracassando. Em um mês, Tracy foi recusada para três cargos diferentes, por diferentes razões. O Google não dá um *feedback* específico depois de rejeições em entrevistas. Em um caso, Tracy estava quase certa de que alguém não tinha gostado do modo como respondera a algumas perguntas da entrevista. Em outro, alguém achou que não ela tinha a experiência certa para a vaga.

A rejeição é dura para o emocional de qualquer pessoa, então no início vi que meu principal trabalho seria garantir que Tracy não fosse afetada negativamente por isso. Pedi a ela que explorasse cada detalhe do lado bom da rejeição. "Nunca desperdice nenhuma rejeição", recomendei. Ela poderia usar cada rejeição como *feedback*, como ferramenta de aprendizado e como motivação para continuar tentando.

Tracy entendeu e rapidamente se tornou uma especialista em rejeição. Quando sofreu a segunda e a terceira rejeições, fui mais afetado do que ela, e foi Tracy quem me animou. Na verdade, eu me sentia tão protetor com relação a ela que fiquei furioso com alguns dos motivos. O que queriam dizer com "ela não respondeu à pergunta de maneira precisa"? Por que a entrevistaram se ela não tinha a experiência certa?

"Calma", dizia Tracy com sua voz macia, a mesma voz que usava ao colocar nosso filho, Brian, para dormir. "A rejeição é apenas uma opinião, lembra? Reflete mais os rejeitadores do que eu, certo?" Concordei. *Uau*, pensei. *Quem é o técnico agora?*

Então, finalmente veio uma quarta entrevista. Dessa vez, a descrição da vaga se adequava com perfeição à experiência dela, e ela teve uma entrevista fantástica por telefone. O Google pagou uma passagem de avião para que ela fosse até a sede em Mountain View, na Califórnia, para uma entrevista presencial. Ali ela enfrentou uma equipe inteira de Googlers, todos bem preparados com suas perguntas, questionando cada experiência e habilidade de Tracy. Ela voltou exausta da viagem e me disse que realmente não sabia se tinha se saído bem porque teve dificuldade em ler os sinais dos entrevistadores, que não demonstraram nada.

Perguntei: "Você foi pontual?" Ela disse que sim.

"Você respondeu cada pergunta da melhor maneira que podia?" Ela disse que sim.

"Você foi verdadeira e não fingiu ser outra pessoa?" Novamente ela disse que sim.

"Então, não há nada com que se preocupar", garanti. "Você se saiu bem em tudo o que podia controlar. E isso é uma vitória!"

Uma semana depois, Tracy recebeu um e-mail do recrutador. Nós o abrimos. Seu conteúdo e sua estrutura eram bem familiares: "Obrigado pela entrevista conosco. Infelizmente, decidimos seguir em outra direção...".

Outra rejeição.

"Bom, pelo menos dessa vez foi rápido", disse Tracy, forçando um sorriso. Àquela altura, ela havia enviado centenas de pedidos para conversas, tinha feito inúmeros telefonemas e quatro entrevistas formais. Tinha se concentrado em tudo o que podia controlar e deixado de lado tudo o que não podia controlar. Mas, até aquele momento, o que ela não podia controlar tinha resultado em rejeição.

Tentei esconder meu desapontamento. "Vamos dar um tempo", sugeri. "Você trabalhou duro demais. Precisamos nos divertir um pouco também. Precisamos continuar celebrando as rejeições." Então naquela noite saímos para jantar, nossa primeira saída a dois desde que Tracy largara o emprego. Brindamos à rejeição, vezes seguidas. Mas, no fundo, eu estava magoado, porque queria muito que desse certo para Tracy. É difícil ser imune à rejeição quando não é você que está sendo rejeitado, mas sim quem você ama.

Dois dias depois, fui com Tracy até a biblioteca, onde ela iria retomar seu projeto de busca de emprego. No caminho, parei na Starbucks para comprar um café para ela. Enquanto voltava para o carro, vi que ela falava ao telefone. O sorriso que ostentava poderia derreter a neve mais dura do mundo. Ela desligou assim que eu abri a porta.

Ela me olhou com um sorriso ainda maior e lágrimas nos olhos. "O Google mudou de ideia. Acabaram de me oferecer um emprego!"

Não me lembro do que disse depois, mas me lembro de tê-la abraçado por muito, muito tempo. Lembro-me do orgulho que senti por essa mulher. Lembro-me das lágrimas de alegria no meu rosto.

A rejeição, de fato, é só uma opinião. É tão frágil que pode inclusive mudar. Também tem um número. No caso de Tracy, esse número foi quatro, embora para nós tenha parecido 400.

Depois tive a chance de conversar com o recrutador do Google que acabou encontrando uma vaga para Tracy. Primeiro, ele me corrigiu quanto ao tamanho da competição que ela enfrentara. Na verdade, milhares de pessoas tinham se candidatado a essa vaga, não centenas. Mas algo em Tracy o havia impressionado: "Tracy tinha se saído muito bem em seu último emprego, mas continuava realista e humilde", ele explicou. "Ela também me pediu conselhos e confiou em mim. Isso significou muito para mim pessoalmente, como recrutador."

Quanto à rejeição inicial, eis o que ele me disse: "Todo mundo gostou dela durante a entrevista. Por algum motivo, a equipe desistiu de contratá-la. Eu mesmo fiquei bastante afetado por isso. Lembro-me de escrever o e-mail e me sentir horrível [...] Mas a questão é que ela aceitou isso bem. Nunca tinha visto alguém aceitar isso de maneira tão positiva – nunca. Ela chegou inclusive a dizer: 'Por favor, não se esqueça de mim se houver outra vaga que combine comigo'. Isso me fez perceber quanto ela queria o Google, mesmo depois de todas essas rejeições. Isso partiu meu coração [...] e eu quis sair em sua defesa".

Pouco tempo depois, o recrutador falou com a equipe e perguntou se tinham encontrado alguém para a vaga. Não tinham. Então ele propôs que reconsiderassem Tracy. "Eles disseram que tinham entrevistado montes de pessoas até então, mas não conseguiam tirar Tracy da cabeça", falou. "Por fim, decidiram reverter a decisão anterior e oferecer a vaga a Tracy [...] Em meus anos de experiência como recrutador nunca tinha visto isso acontecer [...] A moral da história é: trate bem todos, mesmo quando dizem 'não'."

Olhando para trás, entrar no Google foi muito difícil, mas não impossível. Afinal de contas, o Google tem dezenas de milhares de funcionários, e todos entraram ali de alguma maneira. Além disso, Tracy era uma profissional competente por mérito próprio. Havia uma chance de ter conseguido uma vaga no Google sozinha e através de seus próprios métodos de busca de emprego.

Talvez tentar encontrar Obama ou festejar com uma estrela do rock tivesse sido um meio mais espetacular de terminar meus 100 dias de rejeição. Mas não trocaria essa experiência por nenhuma outra. Usei tudo o que havia aprendido para ajudar uma mulher incrível a realizar seu sonho. Para mim, não há prêmio maior do que esse.

Lição

1. Desapego dos resultados: quando nos concentramos em fatores controláveis, como nossos próprios esforços e ações, e quando nos desapegamos de resultados não controláveis, como aceitação e rejeição, podemos alcançar um sucesso maior no longo prazo.

13

Vivendo uma nova missão

Revendo meus 100 dias de rejeição, consigo vê-los agora como uma jornada de transformação. Superei meu medo, ganhei conhecimentos e sabedoria, e descobri um novo tipo de liberdade e poder. O projeto também me levou a um novo estilo de vida.

Dois meses depois de Tracy encontrar o emprego dos sonhos no Google, nós nos mudamos de Austin para o Vale do Silício. Tracy começou no novo trabalho. Ela voltava para casa todos os dias se sentindo energizada pelas incríveis tecnologias que via e produzia na empresa.

Quanto a mim, eu levava e buscava Brian na creche e escrevia este livro, contando nossa história e compartilhando o que tinha aprendido. Durante todo esse tempo, continuei fazendo experimentos de rejeição. Em um dia comum, de repente eu resolvia perguntar a um estranho se podia amarrar novamente os sapatos dele, pedia a conta do Twitter a alguém na rua ou perguntava a alguém se queria mergulhar na piscina comigo. Queria continuar expandindo minha zona de conforto e nunca perder a habilidade que havia adquirido de lidar com a rejeição.

Ao contrário do que se costuma pensar, a coragem – a capacidade de fazer algo assustador, como pedir algo que se quer ou necessita, ou fazer a coisa certa em meio à rejeição e à desaprovação – não é inata, mas adquirida. É como um músculo. É preciso exercitá-lo para mantê-lo forte. De outro modo, ele pode enfraquecer ou mesmo atrofiar. Então, uso os experimentos de rejeição para continuar exercitando meu músculo da coragem, permanecer mentalmente forte e manter minha confiança fluindo.

Ao fazer isso, acabo sentindo que encontrei algo perdido há muito tempo. Lembram-se daquele garoto de Pequim que lia a biografia de Thomas Edison, idolatrava Bill Gates e que escreveu uma carta para a família prometendo comprar a Microsoft quando tivesse 25 anos? Aquele que tinha atravessado um campo recém-coberto de neve, sonhando com possibilidades?

Aquele garoto está de volta. Na verdade, ele nunca partiu. Estava apenas coberto por camadas e camadas de medo. Mas, ao abraçar e superar o que mais temia, encontrei minha nova missão de vida. Estou devotando toda a minha energia empreendedora a construir ferramentas para ajudar o máximo possível de pessoas. Isso vai exigir mais projetos, mais solicitações de opinião, contratação de mais gente, mais pedidos de investimento e, sim, mais rejeições. No entanto, a diferença é que dessa vez não tenho mais medo. Pelo contrário, estou intrigado e entusiasmado. Ao lutar para superar minhas rejeições e ajudar os outros a superarem as deles, quero saber quantos sonhos mais serão realizados, quantas ideias legais serão concretizadas, quantas mais histórias de amor serão escritas se não tivermos medo da rejeição. Mais do que imaginar, quero ajudar o mundo – ajudar *você* – a fazer essas coisas acontecerem. Se todos nós conseguirmos ser mais à prova de rejeição, será que o mundo não se tornaria um lugar melhor?

O mundo à prova de rejeição é um lugar maravilhoso de se viver. Espero que este livro traga muito mais pessoas para ele, inclusive você. E, se conhecer alguém com grandes sonhos e metas, mas que está paralisado pelo medo, por favor, compartilhe este livro com essa pessoa. Vai ajudar.

Se não ajudar, então compre a ela uma caixa de donuts. Isso sempre ajuda.

Apêndice – Ferramentas da rejeição

Repensando a rejeição

1. A rejeição é humana: a rejeição é uma interação humana que envolve dois lados. Geralmente diz mais sobre quem rejeita do que sobre quem é rejeitado, e nunca deve ser vista como a verdade universal e a única opinião que importa.
2. A rejeição é uma opinião: a rejeição é a opinião de quem rejeita. É fortemente influenciada pelo contexto histórico, por diferenças culturais e fatores psicológicos. Não existe rejeição ou aceitação universal.
3. A rejeição tem um número: toda rejeição tem um número. Se quem é rejeitado passar por rejeições suficientes, um "não" pode se tornar um "sim".

Recebendo um "não"

1. Pergunte "por que" antes de dizer tchau: não encerre o diálogo após a rejeição inicial. A palavra mágica é "por que", que

geralmente pode revelar o motivo por trás da rejeição e mostrar ao rejeitado que há uma oportunidade de superar o problema.

2. Recue, não fuja: quando você não desiste depois da rejeição inicial, mas recua e formula um pedido menos complicado, surge uma chance bem maior de obter um "sim".

3. Colabore, não discuta: nunca discuta com aquele que rejeita. Em vez disso, tente colaborar com a pessoa para fazer com que ela aceite o pedido.

4. Mude o tom, não desista: antes de decidir se vai ou não desistir, dê um passo para trás e faça o pedido a outra pessoa, em um ambiente diferente ou em circunstâncias diferentes.

POSICIONANDO-SE PARA UM "SIM"

1. Dê o seu "por que": ao explicar o motivo por trás do pedido, tem-se uma chance maior de que ele seja aceito.

2. Comece com "eu": começar o pedido com a palavra "eu" pode dar ao solicitante um controle mais autêntico do que está pedindo. Nunca finja pensar nos interesses do outro sem conhecê-los verdadeiramente.

3. Reconheça as dúvidas: quando você admite as objeções óbvias e possíveis a seu pedido antes que o outro o faça, pode aumentar o nível de confiança entre as duas partes.

4. Mire o público: ao escolher um público mais receptivo, pode-se aumentar a chance de ser aceito.

FALANDO "NÃO"

1. Paciência e respeito: a rejeição costuma ser uma mensagem dura. Passar essa mensagem com a atitude certa pode

ajudar a diminuir a força do impacto. Nunca menospreze o rejeitado.

2. Seja direto: ao rejeitar algo, apresente o motivo depois da rejeição. Evite histórias e argumentos longos e enrolados.

3. Ofereça alternativas: ao oferecer alternativas para conseguir um "sim", ou até mesmo ao fazer simples concessões, é possível trazer a pessoa para seu lado mesmo depois de ela ter sido rejeitada.

DESCOBRINDO O LADO POSITIVO

1. Motivação: a rejeição pode ser usada como um dos estímulos mais fortes para aumentar o desejo de realização da pessoa.

2. Autoaperfeiçoamento: ao desvincular a rejeição da ação, pode-se usá-la como uma ferramenta eficaz para melhorar uma ideia ou produto.

3. Mérito: às vezes é bom ser rejeitado, principalmente se a opinião pública for fortemente influenciada por conceitos convencionais e de grupo, e se a ideia for radicalmente criativa.

4. Formação de caráter: ao buscar a rejeição em ambientes hostis, é possível desenvolver a firmeza mental necessária para atingir objetivos maiores.

DESCOBRINDO O SIGNIFICADO

1. Encontre a empatia: todas as rejeições são compartilhadas por muitas pessoas no mundo. Pode-se usar a rejeição e o sofrimento para obter empatia e compreensão dos outros.

2. Encontre o valor: repetidas rejeições podem servir como medida para avaliar a determinação de uma pessoa e quanto ela

acredita em suas ideias. Algumas das histórias de maior triunfo só aconteceram depois de terríveis rejeições.

3. Encontre a missão: às vezes, as rejeições mais brutais na vida assinalam um novo começo e uma nova missão para o rejeitado.

DESCOBRINDO A LIBERDADE

1. Liberdade para pedir: por medo da rejeição e do julgamento dos outros, costumamos nos privar da liberdade de pedir o que queremos. Mas coisas maravilhosas podem acontecer depois que damos o primeiro passo.

2. Liberdade para se aceitar: nossa necessidade interior de aprovação nos obriga a buscar constantemente a aceitação dos outros. Mas o que mais precisamos é de nossa própria aceitação.

DESCOBRINDO O PODER

Desapego dos resultados: quando nos concentramos em fatores controláveis, como nossos próprios esforços e ações, e quando nos desapegamos de resultados não controláveis, como aceitação e rejeição, podemos alcançar um sucesso maior no longo prazo.

Agradecimentos

Minha esposa, Tracy Xia, é minha fortaleza, minha melhor amiga e a superestrela do time. Sua coragem e seu apoio inabaláveis tornaram possíveis meu sonho de empreendedorismo, a jornada de rejeição e este livro.

Participei da Cúpula de Dominação do Mundo em 2013. Depois de dar minha palestra, meu plano era lançar uma campanha de *crowdfunding* para publicar o livro por conta própria. Duas pessoas na plateia me abordaram e pediram que considerasse o caminho tradicional de edição. E foi o que eu fiz.

Uma dessas pessoas foi David Fugate. Ele se tornou meu agente literário e um criativo conselheiro ao longo de todo o processo. Encontrei minha própria versão de Jerry Maguire.

A outra pessoa foi Rick Horgan, um extraordinário editor, de primeira linha, que acabou comprando os direitos do meu livro. Embora ele não tenha podido terminar o projeto, agradeço seus valiosos conselhos durante a primeira metade do desenvolvimento de *Sem medo da rejeição*.

Também tenho muita sorte de ter contado com Leah Miller, que me ajudou a concluir o projeto. Sua percepção e seus conselhos me transmitiram a tranquilidade necessária e me ajudaram a tornar *Sem medo da rejeição* um livro completo.

Uma das melhores decisões que tomei foi contratar Jenny Johnston como minha editora pessoal. Ela foi uma ótima parceira na edição diária e na estruturação de *Sem medo da rejeição*. Este livro não estaria nem perto de onde está sem ela.

Nazli Yuzak, minha querida amiga e ex-colega, me deu um apoio tremendo no lançamento de meu blog "100 dias de rejeição". Ela será para sempre minha prima turca.

O casal Heath e Alyssa Padgett, de Austin, ambos com 23 anos, aceitou minha sugestão e transformou sua lua de mel em uma viagem maluca por 50 estados em um *trailer*. Agora estão me ajudando com o lançamento do livro. É louco como o universo às vezes funciona. Fico contente por conhecer esses dois.

Também quero agradecer a Bill Gates por sua inspiração original. Sua história plantou a semente do empreendedorismo em minha jovem mente e ela cresceu até o ponto em que está hoje.

Por último, Jackie Braun, a criadora de donuts na Krispy Kreme, é uma verdadeira heroína. Sem seu atendimento e sua bondade incríveis, não haveria donuts olímpicos e nem mesmo este livro.